中小企业
数字化转型
系统解决方案

浙江省智能制造专家委员会　组编

毛光烈　杨华勇　等　编著

DIGITAL
TRANSFORMATION
SYSTEM SOLUTIONS FOR SMES

U0336148

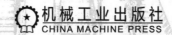

机械工业出版社
CHINA MACHINE PRESS

本书以在浙江中小企业数字化转型实践中提炼出的一整套解决方案为主体,以系统破解细分行业中小企业数字化转型难题的五种创新模式为主要内容,从问题导向、价值导向出发,依照内在逻辑关系,分别从中小企业数字化转型的六大步骤二十九个工作节点、五种创新模式对应关系、各参与主体的工作职责任务清单三个维度,阐述为什么、是什么、如何做。本书按照做样仿样、实操指南的定位,旨将浙江省智能制造专家委员会这些年的实践创新成果系统完整地呈现出来,以探索我国中小企业数字化转型的成功之道。

本书的主要读者对象是政府经信、科技、财政等职能部门的相关人员,中小企业管理者,数字化工程服务商、云平台服务商、监理服务商相关人员,以及各级智库组织、第三方社会服务机构、行业协会相关人员等。

图书在版编目(CIP)数据

中小企业数字化转型系统解决方案 / 浙江省智能制造专家委员会组编;毛光烈等编著. -- 北京:机械工业出版社, 2024. 10. -- ISBN 978-7-111-76687-2

Ⅰ. F279.243

中国国家版本馆 CIP 数据核字第 2024ER2435 号

机械工业出版社(北京市百万庄大街 22 号　邮政编码 100037)
策划编辑:李 鸿　　　　　责任编辑:李 鸿 陈 倩
责任校对:张 薇 陈 越　　责任印制:张 博
北京联兴盛业印刷股份有限公司印刷
2024 年 10 月第 1 版第 1 次印刷
170mm×230mm · 16.75 印张 · 205 千字
标准书号:ISBN 978-7-111-76687-2
定价:89.00 元

电话服务　　　　　　　　　网络服务
客服电话:010-88361066　　机 工 官 网:www.cmpbook.com
　　　　　010-88379833　　机 工 官 博:weibo.com/cmp1952
　　　　　010-68326294　　金 书 网:www.golden-book.com
封底无防伪标均为盗版　　机工教育服务网:www.cmpedu.com

编 委 会

序　言

　　企业是经济建设的重要微观基础。量大面广的中小企业是中国经济韧性、制造业韧性的重要支撑，是提升产业链供应链稳定性和竞争力的关键环节，也是推进产业基础高级化、产业链现代化、增强制造业竞争优势的有力保障。党中央、国务院高度重视中小企业发展，多次做出重要指示批示，强调"中小企业能办大事"。如何促进中小企业平稳健康发展，切实为中小企业纾困解难，已成为当前稳增长的重中之重。制造业发展依靠科技创新，科技创新驱动制造业发展。制造业高质量发展和科技创新的交汇点在哪里？智能制造就是最重要的一个交汇点。因此，如何推动中小企业加快数字化转型是提升中小企业核心竞争力的必答题。

　　依托中国工程院学部重点咨询项目，中国工程院杨华勇院士与浙江省智能制造专家委员会毛光烈主任联袂所著的《中小企业智能制造发展战略研究》与《中小企业数字化转型系统解决方案》，分别从理论上阐释了中小企业从数字化转型入手实现智能制造"为什么""怎么干"的问题，从实践中凝练出具体推动中小企业数字化转型的做样仿样创新模式。这两本书分别从方法论与实践论的角度解决了中小企业转型升级与大规模推进智能制造两方面的问题，对我国实现制造业高端化、智能化、绿色化有着十分重要的理论意义和现实意义。

　　由杨华勇院士领衔的团队所编著的《中小企业智能制造发展战略

研究》，深入分析了中小企业在推进智能制造中遇到的难点和问题；归纳总结了中小企业智能制造的理论体系，提出以双视角开展中小企业智能制造的研究框架；结合具体案例分析，针对中小企业智能制造路径模糊的问题，从企业自身、龙头企业、平台企业和产业园区四个方向总结提出四类转型模式。

由毛光烈主任领衔的团队所编著的《中小企业数字化转型系统解决方案》，从浙江中小企业数字化转型实践中系统总结提炼出基于细分行业的数字化转型之道——系统解决中小工业企业数字化转型难题的"五种创新模式"；从细分工业行业的选择、试点企业的选定、数字化工程总包模式、工业互联网平台建设、标准合同及大规模复制推广等方面，为我国中小企业数字化转型提出了一套比较系统完整的实践操作方法论。

奋楫争先，勇进者胜。这两本书的理论研究与实践成果，是包括浙江大学、浙江省智能制造专家委员会、中国工程院战略咨询中心等单位在内的项目组各位院士、专家集体智慧的结晶。期望这两本书的出版能够为政府部门的科学决策和学界的深入研究提供参考，为全国中小企业的数字化转型提供可做样仿样的好样本，推动中小企业智能制造转型和高质量发展，为加快推进新型工业化、建设制造强国发挥积极作用。

中小企业推行智能制造难不仅是中国需要破解的一道难题，也是一道世界性难题，浙江的实践为破解这一难题作出了重要贡献，可喜可贺，值得我们为之鼓掌喝彩。

国家智能制造专家委员会名誉主任
中国工程院战略咨询中心制造业研究室主任
屈贤明
2024 年 6 月 8 日

前　言

- **本书的起缘**

当前，以数字化变革为特征、以培育发展新质生产力为手段的新型工业化浪潮席卷而来，作为中国经济底座的中小企业首当其冲被推到数字化转型的风口浪尖。转则进、转则兴，不转则退、则难以生存。然而，由于传统中小企业所处的行业特性、产品特性、业务特性、管理特性及思维方式纷繁复杂，数字化转型怎么转、从何处突破，迄今为止仍被称为一道世界性难题，亟待我们去破解。

"七"年磨一剑，实践出真知。浙江省智能制造专家委员会成立以来，以智能制造为主攻方向，按照推动制造业数字化转型的"实操型"智库职责定位，聚焦中小企业数字化转型，遵循"企业数字化制造，行业平台化服务"的总体思路，在指导浙江多个县（市、区）及多个行业的中小企业数字化改造的成功实践中，逐步总结凝练出一套系统破解中小企业数字化转型难题的系统解决方案，从方法论与实践论的角度解决了中小企业数字化转型与大规模推进企业数字化转型两个方面的问题。浙江用这套方案打造了一批细分行业中小企业数字化转型的成功样本，并用做样仿样的方法在各行各业的中小企业大批量复制推广，正在向"应改尽改""愿改尽改""三个全覆盖"的目标迈进。这套方案得到了各级政府部门的充分肯定，深受企业欢迎，被誉为浙江实践成果的"系统解决方案"。

　　道阻且长，行则将至。编著此书旨在将浙江省智能制造专家委员会这些年的理论研究成果与实践创新成果系统完整地呈现出来。从理论上解读中小企业数字化转型的思路与导向，从实践上介绍具体的操作路径与方法，以求得与全国同行们继续一起破局，攻坚克难，开创新篇。

　　● **本书的主要内容**

　　本书以中小企业数字化转型系统解决方案的五种创新模式为主要内容，依照内在逻辑关系，分别从中小企业数字化转型的六大步骤二十九个工作节点、五种模式对应关系、各参与主体的工作职责任务清单三个维度，从问题导向、价值导向出发，系统阐述为什么、是什么、如何做。本书共分为七章。

　　第一章　概述

　　剖析中小企业数字化转型面临的形势、存在的机遇与挑战，以及转型的目的与意义；介绍中小企业数字化转型系统解决方案五种创新模式的内涵与特征，以及在浙江实践中取得的成效；论证中小企业数字化转型的必要性，系统解决方案的可行性、普适性、实效性。

　　第二章　打造数字工厂样本新模式

　　介绍做样仿样的基本方法；阐述打造数字工厂样本的目的是让中小企业做数字化转型决策不再难；分析数字工厂样本的本质特征与样本的基本要求；提出打造高质量样本的方法与步骤。

　　第三章　实施牵头总包新模式

　　介绍数字化工程牵头总包式模式的基本概念；阐述实施牵头总包模式的目的是让中小企业实现系统综合集成不再难；分析三大牵头总包商的资质与能力要求；提出组织实施牵头总包模式的方法与步骤。

　　第四章　云化系统服务新模式

　　分析采用云化系统服务的必要性；阐述云化系统服务的内涵与特征；介绍云化系统服务的实践案例与具体操作方法。

第五章　标准合同新模式

解读实施标准合同新模式的目的与意义；阐述标准合同新模式的概念与特性；以在实践中提炼的数字化改造工程、数字工厂云服务总包合同为样本，介绍标准合同的组成及推广标准合同新模式的实施方法。

第六章　做样仿样批量式推广新模式

系统介绍通过"做样仿样""试成一批、带动一片"的方法，实现细分行业中小企业"应改尽改""愿改尽改""三个全覆盖"目标的基本做法与组织实施要点。

第七章　案例

选取浙江部分县（市、区）细分行业及中小企业数字化转型的成功案例，供读者借鉴参考。

- **本书的主要读者对象**

本书适用的主要读者对象有：各级政府经信、科技、财政等职能部门的相关人员，中小企业的负责人、技术总监及数字化团队人员，数字化工程服务商、云平台服务商、监理服务商相关人员，各级智库组织、第三方社会服务机构、行业协会相关人员等。

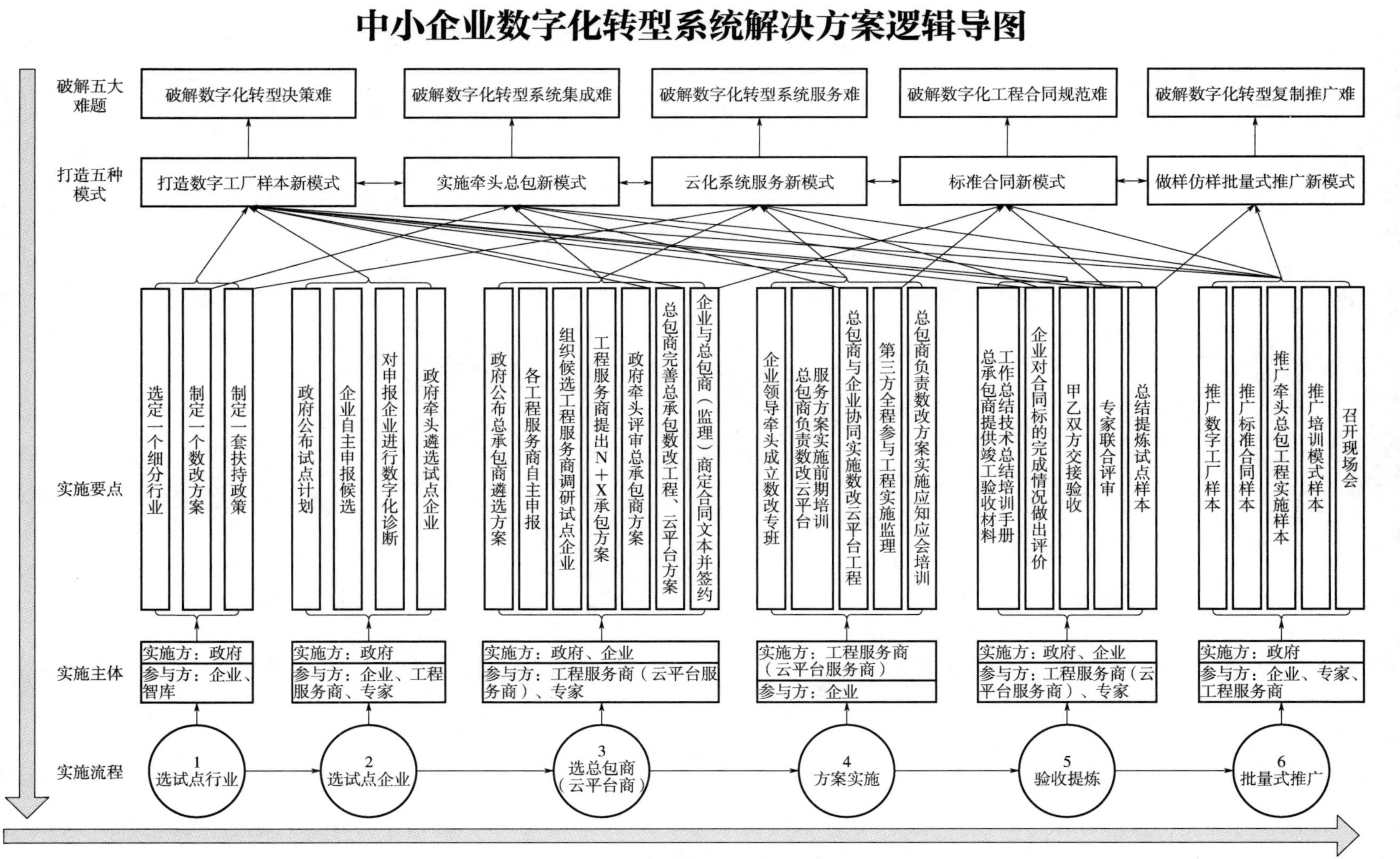

中小企业数字化转型系统解决方案逻辑导图

破解五大难题
- 破解数字化转型决策难
- 破解数字化转型系统集成难
- 破解数字化转型系统服务难
- 破解数字化工程合同规范难
- 破解数字化转型复制推广难

打造五种模式
- 打造数字工厂样本新模式
- 实施牵头总包新模式
- 云化系统服务新模式
- 标准合同新模式
- 做样仿样批量式推广新模式

实施要点 / 实施主体 / 实施流程

1 选试点行业
实施要点：
- 选定一个细分行业
- 制定一个数改方案
- 制定一套扶持政策

实施方：政府
参与方：企业、智库

2 选试点企业
实施要点：
- 政府公布试点计划
- 企业自主申报候选
- 对申报企业进行数字化诊断
- 政府牵头遴选试点企业

实施方：政府
参与方：企业、工程服务商、专家

3 选总包商（云平台商）
实施要点：
- 政府公布总承包商遴选方案
- 各工程服务商自主申报
- 组织候选工程服务商调研试点企业
- 工程服务商提出N×X承包方案
- 政府牵头评审总承包商方案
- 总包商完善总承包数改工程（云平台）方案
- 企业与总包（监理）商签定合同文本并签约

实施方：政府、企业
参与方：工程服务商（云平台服务商）、专家

4 方案实施
实施要点：
- 企业领导牵头成立数改专班
- 总包商负责服务方案实施并启动云平台培训
- 总包商与企业协同实施数改云平台工程
- 第三方全程参与工程实施监理
- 总包商负责数改方案实施应知应会培训

实施方：工程服务商（云平台服务商）
参与方：企业

5 验收提炼
实施要点：
- 总承包商提供总结技术工验收培训资料手册
- 企业对合同目标的完成情况做出评价
- 甲乙双方交接验收
- 专家联合评审
- 总结提炼试点样本

实施方：政府、企业
参与方：工程服务商（云平台服务商）、专家

6 批量式推广
实施要点：
- 推广数字工厂样本
- 推广标准合同样本
- 推广牵头总包工程实施样本
- 推广培训模式样本
- 召开现场会

实施方：政府
参与方：企业、工程服务商

图0-1 中小企业数字化转型系统解决方案逻辑导图

目　录

第六章　做样仿样批量式推广新模式 / 169

第一章

概　述

中小企业是我国国民经济和社会发展的重要力量。促进中小企业发展是保持国民经济平稳较快发展的重要基础，是关系民生和社会稳定的重大战略任务。在数字经济时代背景下，推进中小企业数字化转型，推动中小企业实现高质量发展，加快中小企业实现动力变革、效率变革、质量变革，做强数字化产业链、数字化供应链、数字化服务链，做优现代产业集群，是中小企业生存得好、发展得快的必由之路。

中小企业数字化转型指利用数字技术和解决方案改造和优化其业务流程、产品和服务，以及商业模式的过程，旨在提高企业运行效率、增强市场竞争力、创造新的增长机会，最终实现可持续发展。其本质是运用新一代数字技术对传统业务模式、组织架构、业务流程进行改造，是以科技创新为主导的新质生产力替代传统生产力的过程，旨在实现企业效率和竞争力的提升，以应对当前数字经济时代的巨变和挑战。

如何实现数字化转型是中小企业的必答题，但同时又被认为是一道世界性难题。浙江作为我国中小企业大省，这些年在探索中实践、在实践中提升，成功提炼了一套系统解决方案，可为中小企业数字化转型提供易学易行、有效管用的路径和方法。

一、中小企业数字化转型的浙江实践

（一）中小企业数字化转型是浙江工业经济发展的主战场

浙江，人杰地灵，物华天宝。改革开放以来，浙江民营企业家以敢于创新、勇为人先的精神，注重发挥自身的资源优势和产业特色，形成了以县域和乡镇为主阵地、以当地产业和专业性市场为依托，一乡一业、一县一品的块状经济。根据赛迪顾问发布的《2023 中国县域经济百强研究》，2023 年全国百强县中浙江占据 16 席，排名全国第二。其中，慈溪、余姚、瑞安、乐清、诸暨、海宁、桐乡、义乌、温岭 9 个县（市）为 GDP "千亿县"，宁海、临海、嘉善、长兴等多个县（市）的 GDP 也已近千亿元⊖。另据浙江省统计局 2023 年年鉴统计数据，2022 年规上工业企业中小微企业占比为 98.8%，贡献了 69.3% 的工业总产值⊖。浙江的经济强县有一个共同特征，即传统产业块状经济占工业总产值比重超过一半。中小企业是浙江块状经济的底座，做大做强中小企业是稳定浙江工业经济的基础。块状经济与中小企业擎起了浙江工业经济发展的基本盘，抓住中小企业数字化转型就是牵住了浙江工业经济的牛鼻子。

随着数字经济时代的到来，浙江的传统经济模式受到了前所未有的考验与挑战。一是经过高速发展期后，浙江传统产业存在的简单模仿、产业层次低、创新能力弱、产业结构偏轻等问题日益凸显，制约了制造业的长足高效发展；二是广大中小企业由于受传统产品结构、

⊖ 新华财经客户端.

⊖ 浙江省统计局. 创新创业氛围浓 市场主体活力强——改革开放 40 年系列报告之四 ［EB/OL］.（2018-10-19）［2024-04-22］. https://tjj. zj. gov. cn/art/2018/11/19/art_ 1525526_ 25304854. html.

生产方式、管理等的制约，走到了生存与发展的新的十字路口。

变革潮起，路在何方？2003 年，时任浙江省委书记习近平提出"八八战略"，前瞻性地作出"进一步发挥浙江的块状特色产业优势，加快先进制造业基地建设，走新型工业化道路"[⊖]的重大决策部署，为浙江传统经济转型升级指明了方向。20 余年来，浙江省委省政府坚定不移地以"八八战略"为指引，紧紧抓住数字经济发展的时代契机，率先提出建设"数字浙江"，注重数实融合，将传统块状经济的转型升级作为浙江建设先进制造业基地和走新型工业化道路的重要依托，持续制定扶持政策，完善组织保障，将产业数字化和数字产业化作为浙江经济新引擎加以培育，将中小企业数字化转型作为主攻方向加以实施。在全省上下的不懈努力下，浙江探索出一条依靠中小企业数字化转型推动块状经济向现代化产业集群发展的有效路径。

（二）中小企业数字化转型系统解决方案的形成

中小企业数字化转型是一个复杂的系统工程，除了要解决数字技术问题，还要明确转型的目标，更要注重建立"政府引导、企业主导、智库（专家）辅导"多方联动的工作机制，探索高效益、高质量、循序推进的路径与方法。

2017 年，浙江省政府参照国务院设立制造强国建设战略咨询委员会的做法，成立了浙江省智能制造专家委员会。7 年来，浙江省智能制造专家委员会在浙江省委省政府的正确领导下，会同各地方政府及经信部门，依托 200 多位专家的力量，坚持实操型智库定位，坚持稳中求进、先立后破，以现场服务、链式服务、集成服务"三位一体"的服务体系，当好"政府的助手、企业的帮手、供应商的推手"；坚

⊖ 习近平. 干在实处 走在前列——推进浙江新发展的思考与实践［M］. 北京：中共中央党校出版社，2006.

持聚焦中小企业数字化转型，以轻量化改造起步，以样本化试点和批量化推广方式，打开中小企业数字化转型新局面。

一是坚持问题导向、价值导向，找准中小企业转型的难点、痛点和要点。通过深入九大工业细分行业、调研上千家企业发现，制约中小企业数字化转型的问题归纳起来是"三缺五难"，即缺资金、缺人才、缺技术，中小企业自主改造难、数字化工程服务商选择难、改造完成后续服务难、市场商业模式建设难、系统解决问题方法找寻难。摸清找准中小企业数字化转型存在的上述问题，是提出系统解决方案的前提。

二是确立"企业数字化制造、行业平台化服务"的中小企业数字化转型总体思路。针对中小企业存在的"三缺五难"问题，浙江省智能制造专家委员会联合新昌县政府在轴承行业开展试点，以试点企业小规模免费体验、以一家服务商"交钥匙"承包、以云平台提供迭代升级服务的方式破解所面临的难题。通过新昌县轴承行业的试点实践，浙江确立了"企业数字化制造、行业平台化服务"的中小企业数字化转型总体思路；从数字产业化和产业数字化这一数字经济根本属性出发，制定了一套中小企业数字化转型的整体解决方案，明确了中小企业数字化转型的基本任务。

三是以破解中小企业转型难题为主攻方向，从实践中提炼出一套系统解决方案。提炼中小企业数字化转型系统解决方案不可能一蹴而就，需要经历"认识—实践—再认识"的过程。浙江以新昌县轴承行业为起点，在长兴纺织、兰溪棉纺织、北仑模具等行业不断迭代和深化，在江山市木门行业进行全面提炼和总结，形成了投得起、转得优、效率高、回报好的中小企业数字化转型系统解决方案。

细分行业企业数字化转型"轻量化投资、样本化建设、批量式推广"的解决方案得到了国务院、工信部和浙江省委省政府等各级领导的肯定。2022年7月，浙江省政府办公厅印发《关于推进细分行业中小企业数字化改造行动方案的通知》，全面肯定了这套做法，并将这套方案的核心内容上升为全省推广实施的方案，要求在全省细分行业中小企业数字化转型中加以应用。

二、中小企业数字化转型系统解决方案的内涵与特征

（一）中小企业数字化转型系统解决方案的内涵

中小企业数字化转型系统解决方案具有丰富的内涵和严密的逻辑。它是以习近平总书记关于数字中国建设、制造强国建设、浙江"八八战略"等重要论述为根本遵循，以浙江省委省政府数字经济"一号工程"从制造大省走向制造强省的总体部署为指引，以系统破解细分行业中小企业数字化转型难题的五种创新模式为基本内容，具有创新性、系统性、针对性、有效性的本质特征。

五种创新模式包括"打造数字工厂样本新模式""牵头总包实施新模式""云化系统服务新模式""标准合同新模式"和"批量式复制推广新模式"。

一是以打造优质样本为首要任务破解转型决策难。"打造数字工厂样本新模式"指通过建设一个中小企业投得起、做得成、效果好的数字工厂样本，让同行业、同规模的企业看得懂、能放心、会动心，即使没有高度自动化装备的基础，也能实现快速看样学样。这是有效解决中小企业数字化转型决策难的好办法，也是首要任务。

二是以推行总包模式为关键一招破解系统集成难。当前，中小企业数字化转型通常由多家工程服务商分包，导致企业内部数据孤岛丛生、系统运行分割、数据运行效率低下。"牵头总包实施新模式"指

由一家服务商牵头总包，全面负责中小企业数字工厂的新建与改造，并为其提供系统的云服务，从而有效破解中小企业数字化转型"九龙治水""各自为政"的困局。因此，推行总包模式是关键所在，它决定样本质量和服务水平。

三是以云化系统服务为有效手段破解系统服务难。中小企业数字化转型是复杂的系统工程，涉及研发、设计、生产、经营和管理等全流程和各环节。"云化系统服务新模式"可以通过系统的工厂用云服务，为中小企业生产、经营、管理方式的数字化转型提供持续、迭代的服务，实现中级和高级数字工厂的迭代升级，破解中小企业生产、经营、管理方式的数字化转型难题。

四是以凝练标准合同为实施保障破解合同规范难。中小企业数字化转型需要体制机制的保障。标准合同新模式"主体文本+附件"是通过明确工程项目内容、工期及工程款价格的"N+X"标准清单，形成数字工厂建设规范的合同文本，清晰界定甲乙双方的权责利，为中小企业提供透明交易"点菜式"服务，为牵头总包商提供合理保障，有效解决工业数字化工程市场标的与造价欺诈、硬件工程偷工减料、软件及隐性工程弄虚作假等问题。标准合同新模式为数字化工程与服务的公平高效高质落地提供了保障。

五是以批量式复制推广为价值体现破解复制推广难。批量式复制推广新模式是把难以理解的数字化转型概念转换为让企业看得懂的"清单"、看得见可效仿的"新样本"、能提供持续迭代升级服务的总包商，因此同行业中小企业看得清、算得明、能放心，可达到"试成一批、带动一片"的效果，这是系统解决方案价值的体现。这与过去的"一家企业试点示范只能完成一家企业数字化转型的方式"形成了鲜明的对照，解决了过去的试点示范只见"盆景"不见"风景"的问题。

从方法论看，以上五种创新模式为中小企业数字化转型探索出看样学样、快速复制的路径和方法；从实施路径看，该模式包含六大步骤、29个实施节点，清晰明确，便于循序渐进；从各参与主体看，该模式列出了各主体的任务清单，分工明确，职责清楚。

（二）中小企业数字化转型系统解决方案的特征

一是创新性。中小企业数字化转型系统解决方案是一整套破解细分行业中小企业数字化转型难题的策略思路与实践方法，是有效发挥政府引导、市场主导、智库参与作用，系统协调推进中小企业数字化转型的工作机制创新。这个创新举措对当前浙江乃至全国高效、快速推动中小企业数字化转型具有重要意义。

二是系统性。该解决方案按照"企业数字化制造、行业平台化服务"的总体思路，形成了系统的实施内容和方法。实施内容包括打造优质样本、实施总包模式、构建云化服务平台、凝练标准合同、做好批量式复制推广五种模式，体系完善。实施方法是以问题为导向，以六大步骤、29个实施节点为路径，各实施主体分工明确、职责清楚，循序推进。

三是针对性。该解决方案着重针对中小企业数字化转型五大难题展开，即对破解转型决策难、破解系统集成难、破解系统服务难、破解规范合同难、破解裂变式推广难进行了积极有效的探索，取得了初步经验。

四是有效性。该解决方案在不同行业、不同规模企业的数字化改造实践中总结提炼而成，从打造一个细分行业一个有代表性的企业入手，为行业内众多企业树立可鉴可学的样本，有效解决了企业因"不会转"而"不敢转、不愿转"的问题。可以说，五种创新模式的实施和推进有效降低了转型成本，破除了妨碍数字化转型的体制机制障碍，有力促进了生产力的发展。

推进中小企业数字化转型解决方案，需要政、企、供、智多方协同和联动，是加速中小企业数字化转型步伐的有效机制。政府要作为，正确引导把方向；企业要敢为，担当主体强动力；供方要能为，总包服务优供给；智库要巧为，改善服务助推进。

三、中小企业数字化转型系统解决方案的实践成效

（一）开创了中小企业数字化转型的新局面

浙江实践表明，数字化转型系统解决方案为中小企业数字化转型提供了有效方法，为传统经济向现代产业集群跨越提供了有效路径。

截至目前，中小企业数字化转型系统解决方案已在浙江 48 个县（市、区）和细分行业进行了推广实施。通过"试成一批样本、确保数字化转型质量、带动一片企业转型"的做法，由点及面，从"盆景"到"风景"的局面正在形成，并向"应改尽改、愿改尽改""三个全覆盖"的目标全力推进。

浙江传统制造业对工业的支撑作用日益显著。2023 年，浙江 17 个重点传统制造业整体呈现"产销增长、盈利修复"的良好态势，传统制造业规上工业总产值比重稳定在 61% 左右。全省制造业投资增长 14.1%，高出全国平均增速 7.6 个百分点，其中 717 个总投资 10 亿元以上的制造业重大项目完成投资 2863.2 亿元，完成年度投资目标的 130.1%。尤其是从 2023 年 9 月开始，浙江 17 个重点传统制造业规上工业增加值累计增速连续 4 个月高于全省平均水平⊖。

⊖ 浙江省统计局.2024 年一季度浙江经济运行情况新闻发布会［EB/OL］.（2024-04-19）［2024-04-22］.https：//www.zj.gov.cn/art/2024/4/18/art_1229630150_7042.html.

（二）提升了中小企业数字化转型供给能力

自中小企业数字化转型解决方案推广以来，浙江培养了一批专业化的工程服务商，解决了供给模式不匹配、供给价格不廉、供给质量不优、供给效率不高、接单难、发展难等问题，极大地提升了中小企业数字化转型供给能力。

数字工程牵头总包模式有利于加快一部分工业数字工程分包商向牵头总包商、"碎片化云平台服务商"向"系统化的云平台服务商"的转型步伐，既能满足中小企业数字化改造"交钥匙"工程的需求，又能让工业数字化工程分包商有生存空间和积蓄发展能力的机会。同时，开辟的"批量式接单"的新模式让工业数字工程服务商走上了与中小企业数字化转型互促共赢、利用我国工业数字化转型超大规模市场发展的新路子。

浙江先后开展了省工业信息工程服务工程资源池、省级产业数字化服务商、省级工业互联网平台的评选工作，共培育了超 600 家服务商，为中小企业数字化转型奠定了供给基础。

（三）形成了中小企业数字化转型现实样本

经过数年的实践，中小企业数字化转型系统解决方案的成效初步显现，为全国中小企业数字化转型树立了样本。2023 年，财政部与工信部联合印发《关于开展中小企业数字化转型城市试点工作的通知》，分三批开展中小企业数字化转型城市试点工作，在全国范围内加快推进中小企业数字化转型。入选首批中小企业数字化转型试点的城市，纷纷前来浙江交流。浙江省智能制造专家委员会以座谈、协助开办培训班等方式，加深各地对系统解决方案的认识和理解。

（四）增强了中小企业的市场竞争力和活力

中小企业数字化转型系统解决方案的实施，大大提升了浙江中小企业的生产力。根据浙江省政府发布的 2024 年一季度数据，中小型企业工业增加值增长 10.5%，增速高于大型企业的 4.0% 和中型企业的 9.6%，拉动以上企业工业增加值增长 4.3 个百分点。同比 2023 年一季度，中小企业是浙江新增企业的主力军，超过 10 万家；发展壮大态势较好，0.4 万家企业从规下上升为规上企业；生产态势回升最快，仅 3 月工业增加值就增长了 9.4%，回升幅度超过 10 个百分点⊖。

同时，中小企业产品设计、制造流程得以优化，产品质量、生产效率得到提升，实现了"提质、增效、降本、减存、绿色、安全"发展。如江山市木门行业，经过试点实践，该行业中小企业物料流转效率、设备产能利用率、订单跟踪效率提升均达 50% 以上。其中，YMD门业完成数字化改造后，产能从每月 8000 套增长至 25000 套，同比增长超过 200%。永康市保温杯行业，试点企业数字化改造达到数字工厂水平，物料齐套率从 65% 提升到 90%，订单按期交付率从 74% 提升到 90%，原物料库存降低 30%，企业平均流动资金需求下降 200 万元，生产能力提升 10%，结合管理效益的提升，为试点企业带来年均近 100 万元的新增利润。

浙江探索的这套中小企业数字化转型系统解决方案是我国迄今为止较为有效的方案，但是数字化转型只有起点没有终点，有许多新的方法需要继续在实践中创新、在创新中提炼。期待这一系统解决方案在更广范围进行推广，发挥更大作用。

⊖ 浙江省统计局 . 2024 年一季度浙江经济运行情况新闻发布会 ［EB/OL］. （2024-04-19）［2024-04-22］. https：//www.zj.gov.cn/art/2024/4/18/art_1229630150_7042.html.

第二章

打造数字工厂样本新模式

　　打造一批细分行业数字工厂的样本，是中小企业数字化转型系统解决方案的逻辑起点与前提条件。其总体思路是按细分行业的特性选好具有典型示范作用的企业，先行先试树立标杆形成样本，然后运用"做样仿样"的方法在同行业的中小企业中快速复制推广，达到"做成一批、带动一片"的目的；其意义在于让中小企业数字化转型决策不再难；其核心内容是按照"现场可看、技术可行、成效可信、样本可学"的要求，打造"企业认可、自愿学、自觉仿"的高质量样本；其关键要素是参与各方协作配合、整体规划、循序推进、确保质量。

一、打造中小企业数字化工厂样本的必要性

中小企业（需求侧）、工程服务商（供给侧）、政府侧是推动中小企业数字化转型的三个最重要的主体，在当前阶段中小企业数字化转型倡导"做样仿样"亦是由这三个主体面临的现实问题决定的。

（一）是破解中小企业数字化转型决策难的需要

近年来，中小企业实施数字化转型的比例较低，原因之一是决策难。"决策难"的根源在于中小企业存在的"四不"：不懂、不会、不敢、不能。一是不懂"转"。由于中小企业缺乏数字化转型知识，找不到数字化转型的实施方法，难以避免可能存在的陷阱，不懂得企业数字化转型应如何拍板决策。二是不会"选"。不会辨识数字化转型服务商的能力，不会判断数字化转型方案的优劣，不会评估服务价格是否合理。三是不敢"投"。中小企业缺资金、缺试错空间，对整体经济发展形势的心理预期及制造业利润水平普遍偏低的实际让中小企业投入资金越来越谨小慎微。四是不能"承受"。不能承受建数字工厂上百上千万元投资的重负，不能承受数字化转型投入大量的人力物力，更不能承受数字化转型过程中所带来的不确定因素。

纵观浙江中小企业创新发展史，"做样仿样"贯穿于浙江中小企业发展的整个过程。学习模仿是中小企业与生俱来的本能，破除中小企业数字化转型决策难最有效的方法是建设一个数字工厂样本，让行业内企业家直观感受到样本企业取得的成效，看到样本企业技术和管理的先进性，清醒地认识到如果再不实施数字化改造，必然会拉大与同行的差距。看样学样让中小企业的决策化繁为简、化难为易，促使企业家下定要改的决心、坚定要改的信心。

（二）有利于解决数字化服务商工程服务盈利难的问题

目前，大多数工业数字化服务商都面临盈利难的问题。主要原因有三个方面：一是工业数字化服务市场"内卷"严重，数字化服务商为了能接单，一方面大打价格战，把利润压缩到极限，另一方面"东打一枪、西打一炮"游击式接单，大量项目定制化开发，导致项目成本无法控制；二是不管是大型企业还是中小型企业都希望按需量身定制，但数字化需求千差万别，大量定制开发、需求边界不清对服务商的技术和服务能力形成巨大挑战，导致很多项目不能如期交付甚至"烂尾"，投入资金不能按期足额回收，服务商很难实现项目盈利；三是各地数字化政策一般将资金直接补给本地工业企业，而对服务商缺乏有效的政策支持，服务商只能靠不停地接单苦苦支撑。

如果工业数字化服务商队伍不能发展壮大，企业数字化转型也就失去了支撑力量。面向细分行业开展数字化转型，采取牵头总包新模式，遴选有能力的中大型服务商作为牵头总包商、小型服务商作为分包商，一方面规范了服务商市场的竞争秩序，将依靠"价格战"赢得市场机会转化为通过服务能力赢得市场机会，另一方面为服务商提供了批量式接单的机会，让更多的服务商能专注细分行业，通过深耕细分行业积累沉淀行业知识，掌握行业企业生产机理和管理逻辑，打磨出成熟的行业数字化技术和服务能力，通过快速复制推广提高盈利能力，形成"具备基础能力—赢得区域细分行业市场—形成样本并复制推广—持续盈利—产品与服务不断升级迭代—赢得更大领域细分行业市场—进入高质量发展"的良性循环。因此，数字化工程服务商同样需要通过打造一个高质量的样本赢得市场，改变盈利难的困境。

（三）是破解企业数字化转型批量式推广难的需要

自 2015 年推进实施"中国制造 2025"以来，以智能制造为主攻方向的制造强国建设成为国家战略，各地通过企业申报、政府鼓励方式，推出了不少数字化改造试点示范企业。总体来看，由于大企业"推动易、影响大、显效快"，而中小企业"推动难、影响小、显效慢"，试点示范企业基本集中在国有工业企业、大集团企业、军工企业、电子信息企业等。从示范效果来看，各地形成了多点开花的数字化转型试点示范"盆景"，对推动当地企业数字化转型起到了很好的引领作用。但这些不分行业、不分规模的试点示范"盆景"，中小企业很难看样学样，很难复制推广，很难放大为行业"风景"。中小企业量大面广，在经济发展、增加税收、提供就业等方面的作用十分重要，各级政府都在想方设法推进中小企业数字化转型，出台了很多鼓励中小企业数字化转型的政策，但苦于缺乏有效的手段，推动非常吃力，效果也不甚明显。因此，采取"两手抓"的方法，在继续推动大中型企业智能制造、未来工厂建设的同时，在细分行业中小企业建设能看样学样的样本，通过样本效应快速裂变是各地政府破解中小企业数字化转型"批量式推广难"的有效途径。

二、中小企业数字化工厂样本的内涵与特征

什么是样本？从浙江的实践看，广义上讲，样本是系统破解中小企业数字化转型难题的一整套组合拳与方法论（包括数字工厂样本、标准合同样本、牵头总包工程实施样本、培训模式样本等）；狭义上讲，样本是基于细分行业共性问题、兼顾企业个性需求，面向全行业中小企业可复制易推广的数字工厂样本。本章中的样本，指的是数字工厂样本。要强调的是，企业数字化转型是一个逐步进化的复杂的系统工程，既需要整体规划，又需要契合中小企业实际循序渐进、分步实施。数字工厂样本在发展中会不断优化、迭代、升级。

一般来说，数字工厂样本具备以下特征。

（一）经济上有效益

数字工厂样本能破解中小企业数字化转型决策难问题，可让中小企业自愿学、主动仿，从经济效益角度考虑，是提质降本增效取得明显成效的样本，这也是大多数企业建设数字工厂的首要目标与要求。高质量样本一般满足以下要求：

1. 投得起、花钱少

降低数字化转型投入门槛，让中小企业投得起，一般有 3 种方法：一是采用轻量化分步实施办法，即先数字化后设备自动化；或采用数字化分级改造办法，即先初级数字工厂，后中级、高级数字工厂（抑或是先数字化改造 1.0）。二是数字化服务商从工业细分行业切入，通过分摊制约同行业利润增长共性难题的数字化研发成本和服务成本，降低中小企业数字化改造成本。三是条件允许可采用数字工程总包改造与平台"小快轻准"产品用云服务总包相结合的办法，降低企业数字化建设与运维成本。一般初级阶段的数字工厂的数字化改造投资（精益咨询+系统软件+智能硬件+实施培训）需要几十万元，最多一两百万元。

2. 工期短、回报高

企业既要正常开展生产经营活动，又要进行数字化改造，这往往会给企业管理人员带来极大的工作负荷。因此，在保证改造效果的前提下，工期越短越好。一般单个企业样本建设周期平均在 6~8 个月，复制推广一般在 3 个月较为合适。数字工厂建设完成后，要有较明显的绩效增长，并且在 1 年左右收回投资为宜。

3. 用得好、有保障

用得好指数字工厂建设完成后，要易用、好用、实用，要避免类似"老年人用不好智能手机"的状况发生，强化员工的数字化适岗操作技能的培训与实训，确保各岗位能熟练操作。有保障指既要有主体文本合同、细化共性标的任务清单及工程款、工期等，让企业合法权益可依据规范合同得到充分保障，又要建立健全运维保障制度，确保数字工厂稳定、安全、可靠地运行，避免发生宕机、掉线、超长延时、数据丢失等现象。

（二）技术上能支撑

数字工厂样本能让同行业中小企业自愿学、主动仿，从技术支撑角度考虑，是通过"打通数据、用好数据、挖掘数据价值"可解决行业共性问题的样本，这也是"示范样本"成功的标志。针对中小企业面临的接单难、管控难、盈利难、节能环保难等共性难题，建设好工厂数据体系主架构，用数据驱动生产、经营与管理，实现多接单、提质量、降成本、增效率等。

一是以打通全厂生产、经营、管理的数据为目标，构建生产、经营、管理领域的数据生态系统。该系统包括：①设备、制造单元、产线、物流线的工况、工艺、工控等数据采集、分析、管控系统；②从物料采购入库到出库，到半成品加工，再到成品组装、包装、质检，订单交付等生产全过程的数据采集、分析、管控系统；③从对员工发出的指令数据集，到指令执行结果反馈，再到每个订单的接单、打样、生产、交付、回款的订单全流程服务的数据采集、分析、管控系统；④水、电、气等管道与管线供应网络的数据采集、分析、管控系统。

二是要破解细分行业共性问题，创建数据驱动生产、经营、管理的一体化运营方式。数字工厂的建设必须以实现数据驱动生产、与经营业务数据一体化运营并解决共性问题实现多接单、提质量、降成本、增效率为首要目标，必须从找准最大公约数即最大共性需求入手。因不同行业面临的共性问题不同，建设任务也不同。破解共性问题的建设任务见表2-1。

表 2-1 破解共性问题的建设任务表

细分行业类型	急需解决的共性问题	主要建设任务
服装制造行业	"冬衣夏做、夏衣冬做"流行款式预测难 库存大、时间长、财务成本高等	服装的个性化设计；数字化的排版与剪裁；智能生产；在线质检；包装、成品仓储与物流快递的数字化协同
水泥制造行业	污染大、能耗高等	绿色矿山、物料与产品的绿色物流（如水运与电气化的皮带运输）、绿色制造、对粉尘余热的数字化处理与再利用
模具生产行业	上万个模具零配件外协生产与自加工之间协同难 零配件仓储管理难 模具在组装生产中易发生错装并影响交期	需建立健全外协与自加工的数字化管理系统、智能仓储系统、生产精准配送系统、智能验模与快速反应修模系统
产品组装类行业	传统采购方式差错多、齐套率低 零配件由人工负责存储配送、易发生错配难	需建设数字化采购管理数据系统，提高 1000 多个零配件齐套采购的准确率；建设零配件智能仓库与智慧工厂生产物流系统
木门加工行业	门框架、门面板加工进度、产量不协同 木门包装中错配多	需建设门框架、门面板数字化生产线与数采系统，实现门框架与门面板的协同生产与数字化包装，提高包装的齐套率

从浙江的实践来看，工业数字化转型的最大公约数在工业细分行业，同一个工业细分行业的工厂数字化转型共性需求的比重可达到70%以上。在江山、永康等地的实践中，浙江创新提出了"N+X"数

字化改造模式。"N"是解决细分行业共性难题的最大公约数（共性服务），其选择要考虑以下几个方面：①从行业急需解决的共性问题入手，让企业有显著的效益；②从基本建成主要数据体系入手，让工厂有较完整的统一的数据体系；③从中小企业普遍能承受的投资能力入手，让企业有较好的投入产出性价比；④从企业全员数字化操作技能实训入手，让车间、工厂有正常的运营能力。"X"是个性化服务，包括：①企业共性需求的服务提升，即在共性服务基础上进行迭代优化；②企业共性服务之外的扩展，即在共性服务之外进行增加补充。按照"总体规划、分步实施"的原则，企业根据自身需求轻重缓急、资金人才的支撑条件等情况逐步增添"X"项。

（三）供给侧可持续

数字工厂样本既是推动中小企业数字化转型的样本，也是推动工业数字化转型服务商持续发展的样本。只有让数字化服务商活下来且活得好，才能为中小企业提供可升级迭代的、更好更优质的服务。让工业数字化服务商活下来、活得好的样本，具有以下三点特征：一是按照"牵头总包"模式打造的样本。通过一家牵头总包与多家分包合作，既能形成技术合力、提升服务能力、避免数据孤岛，又能有效降低研发成本，形成利益共同体。二是产品标准化程度高。通过对细分行业企业共性问题的归纳分析，总结提炼新标准合同"主体文本+附件（'N+X'清单）"，形成标准化程度高的解决方案。三是复制推广效率快。前期市场扩张速度高、后期客户数量多且稳定，通过打造数字工厂样本，为从事数字工程承包与行业云服务的中小企业开辟"批量式接单"的新模式，获得"活得好"的机会，并为他们今后的成长与做强做大创造条件。

（四）政府侧可推广

对政府来说，中小企业数字化转型能"迅速扩面"是其直接目标。因此，政府侧可以批量式快速推广的样本，具有以下三点特征：一是能推广快（高效率）、推广好（高质量）、推广全（如浙江省提出"产业数字化三个全覆盖"）；二是能推进"协同发展"，既能让中小企业（需求侧）愿意改，又能让工业数字化转型服务商（供给侧）盈利，双方互利共赢；三是能推动"制度创新"，推动工业数字化工程牵头总承包商与分包商加强开放合作与并购，实现数字化供给侧结构改革。

总而言之，高质量的数字工厂样本是让中小企业自愿学、主动仿的，让工业数字化转型服务商能接单、能盈利的，让政府能高质量、高效率推进数字化改造工作的样本。只有这样的样本，才能让中小企业的看样学样决策化繁为简、化难为易，才能促成转型的良好局面，才是有效破解中小企业数字化转型决策难的好办法。

三、打造高质量中小企业数字工厂样本的方法

（一）打造高质量中小企业数字工厂样本的步骤

做好样本要讲方法、讲技巧。结合浙江江山、永康、兰溪、北仑、长兴、新昌等地的实践经验，打造样本的具体工作涉及政府部门（经信）、试点企业、总承包商、专家团队（第三方）4个主体，包括选好试点行业、选准试点企业、公选总包商、打造试点样本、慎验收保质量、总结提炼样本及批量式复制推广七大步骤。

1. 选好试点行业

选准先行示范的一个细分行业，是打造样本的前提。

一是优先选择区域具有代表性的主导行业为试点。一般来说，代表性的主导行业应具有以下特征：行业工业产值占比大；企业数量多；行业企业数字化转型的积极性高；行业特色鲜明，在全省乃至全国具有一定代表性；有对口的工业数字化工程牵头总承包商。例如，永康电动（园林）工具行业规上企业 134 家，行业产值 143 亿元，产值占比达 14%，拥有生产和配套企业 1700 多家，产品远销欧美、亚、非等 100 多个国家和地区。其他诸如江山木门行业、兰溪棉纺织行业、东阳磁性材料行业、临平家纺行业、义乌针织服装行业、浦江水晶行业等。

二是对试点行业要准确细分。不同细分行业制造企业的生产机理、工艺工序、业务流程、管理要求等都有所不同，行业如果不够细分，同行业中小企业共性问题不容易提炼，可看样学样的样本不好做；行业如果太细分，行业企业数量少，数字化研发成本高，复制推广价值低。例如，虽然永康是浙江块状经济的典型代表，拥有车业、门业、杯业、电动（园林）工具、电器厨具、休闲器具、技术装备、金属材料 8 个五金制造主导行业，但永康没有简单地把五金制造行业作为一个细分行业，而是选择电动（园林）工具作为试点行业，以更容易找到同行业中小企业的共性问题。

三是要出台细分行业数字化转型的行动计划、激励政策等。党委政府的高度重视是重要保证。经信部门要牵头制订行动计划，明确目标要求、职责分工、关键举措、扶持政策等。政府补助是导向，把握"企业出一点、政府补一点、供应商让一点"的原则，要适当、适量。一方面，数字化改造是对工厂（车间）工业数据的采集、分析、呈现与执行，因此政策补助要调当，对软件（数据相关的系统）、硬件（自动化设备等硬件）进行区分，政策要向数字化改造（包括数据采集终端、显示屏等相关硬件）进行倾斜，并提高资金补助的比例。例如，江山对列入试点企业的软件费用补助50%，永康对列入试点企业软件费用最高给予70%补助，东阳对列入试点企业软件费用最高给予75%补助，设备一般按照5%~15%或参照技改或普适性数字化改造政策给予补助。另一方面，为充分激发企业的积极性，可以采取分批次逐步递减的方式给予补助，如第一批70%、第二批50%、第三批40%。

2. 选准试点企业

一是试点企业选择遵循自愿原则。企业是实施主体，选好试点企业是做好样本的基础。由政府部门（经信）制定并公布试点企业条件，企业自主申报，经信部门组织专家、行业协会等综合评价企业的基础条件、投入指标、技术要求等，根据不同规模、不同类型、不同发展阶段分批分层次遴选试点企业。

二是试点企业择优遴选。优先选择符合以下标准的企业：诚信经营的企业；一把手具有强烈的数字化改造意愿的企业；生产经营稳定正常的企业；经营管理基础较好的企业。义乌市遴选针织服装行业轻量化改造试点企业的遴选要求见表2-2。

表2-2 义乌市针织服装行业轻量化改造试点企业的遴选要求

序号	指标	要求
1	运行情况	企业生产经营良好，订单饱满，近两年发展态势较好
2	理念基础	企业主要负责人具有数字化改造的理念且改造意愿强烈，清晰掌握企业数字化方面存在的痛点和需求
3	经费预算	企业有充足的经费用于数字化改造
4	团队组织	企业组织架构完整，关键岗位（销售、计划、采购、生产、仓管、工程技术）有对应负责人
		为企业数字化改造配备专职人员2人以上，并具有数字化制造的理念

（续）

序号	指标	要求
5	企业场地	生产场地具备一定的数字化改造空间，如可有吊挂、工位平板、AGV 等数字化改造的条件
6	IT 基础	企业生产及运营区域网络覆盖完善且具备一定的信息化基础
7	经营管理	计划、采购、仓库、生产相关单据规范清晰，每月有统计分析管理会议

　　三是试点企业有代表性。首先，结合产值规模细分试点企业。选择试点企业时要考虑让同规模的企业能看样学样，如江山市木门行业在试点时，有意识地选择了年产值 2000 万元的 NC 家居、年产值 5000 万元的 YMD 门业、年产值 1 亿元以上的 QJ 公司作为试点，从而为不同产值规模的企业都提供了可以学、能仿照的样本。其次，结合企业信息化数字化基础细分试点企业。有的企业有一定的信息化数字化基础，部署了 ERP、MES 等信息化系统，有的企业信息化数字化基础较弱，在实施中就可以分为原系统集成（不完全推倒重来）和直接按应用场景部署。最后，结合工艺工序细分试点企业。不同企业的加工工艺工序不同，共性需求也不同，按不同工艺工序类别选择总承包商，打造的样本更专业、更精准，企业可学可仿性更强，能更好地复制推广。如杭州市临平区家纺行业，有以织造工艺为主生产家纺面料的企业，有以缝制工艺为主生产成品窗帘布、沙发布、宠物制品的企业，有以无纺布生产工艺为主的面料生产企业，有以涂层、印染等工艺为主的后整理加工企业。再如金华市金东区智能家居（电动工具）行业，有以工序流转生产加工为主、组装装配生产为辅的企业，这类企业材料相对单一，但是加工工序多、涉及车间较多，关键共性问题是工序平衡管理难；有以组装装配生产为主、工序流转生产加工为辅的企业，这类企业涉及物料种类繁多，大部分配件外购，部分配件厂

内生产加工，工序流程相对简单，关键共性问题是物料齐套难保障。

3. 公选总包商

中小企业在推进数字化转型中普遍面临缺乏分辨能力选不好服务商、项目碎片化缺乏系统集成能力、缺乏整体规划数字化改造效果不好等问题。只有通过"由一家服务商牵头总包，全面负责中小企业数字工厂建设"的工程实施模式，真正做到"一张蓝图绘到底、一企一案做到底、一家牵头包到底"，才能有效破解这一难题，突破中小企业数字化建设中"九龙治水""各自为政"的困局。

总包商要能改、善改、能改出成效，是能成功打造样本的关键。在浙江的实践中，各地细分行业数字化转型试点阶段通过公选程序遴选总包商，对总包商提出了五大能力要求，即数字化整体规划设计与咨询能力、体系化集成能力、集成化管理能力、资源整合能力、行业实战能力。只有具备这五大能力，总包商才能从技术上支撑高质量样本打造，为工业中小企业提供迭代升级的服务，推动自身可持续的良性发展。

公选总包商的程序一般有以下三大步骤：

一是由经信部门组织专家、协会、企业等代表对已确定的细分行业试点企业进行初步调研，根据细分行业试点企业制造工艺、工序、机理、生产经营管理痛点等数字化改造需求，制定总包商公开遴选方案，包括评审组织和评审标准、总包商的基本条件等，由经信部门正式对外公布。

二是工业数字化服务商自主报名，经评审初筛后，候选总包商（代表供给方）参加经信部门组织的企业调研，按要求制定投标或公开路演方案，包括整体规划、分步实施的细分行业"N+X"数字化改造方案，采集数据、打通数据、呈现数据、员工培训等组织实施的举措等。

　　三是由经信部门牵头组织评审小组一起听取候选总包商的方案演讲（按需可实地参观成功案例），按规定程序、评分标准等公平公正确定总包商入围名单，并引导试点企业与总包商自主双向选择。

　　具体公选程序和总包商能力要求在第三章详细介绍，在此不做详述。

4. 打造试点样本

　　做好并实施好试点企业实施方案，是做好样本的核心。主要包括以下工作：

　　一是总包商制定试点企业"N+X"数字化改造实施方案。一般由入选的总包商对试点企业进行深度调研，深度了解行业企业生产制造、经营管理、产品工艺、研发设计等，按照"整体规划、分步实施"的原则，既解决行业共性问题，又兼顾试点企业个性需求，进一步提炼行业共性问题及解决问题的"N+X"数字化改造的实施方案，明确改造内容及费用、改造实施时间及预期成效等。同时，总包商在制定试点企业实施方案的过程中，对生产现场脏乱差、工厂布局不合理、厂内物流不顺畅、生产节拍不均衡、在制品无法标识、员工作业不规范的企业，要把精益管理改善方案一并纳入实施方案，因为没有基本精益管理基础，数字化改造将很难出成效。以丽水市青田县阀门行业为例，在推广"N+X"数字化改造模式时结合现场6S整顿，总包商某公司提供了"N+X+6S"方案，包括：现场6S整顿方案、共性问题（表2-3）、"N"项共性应用场景清单（表2-4）、"X"项个性应用场景清单（表2-5）及"N"部分配套硬件（包括数据采集设备、边缘计算设备、网络及连接设备等承载数字化系统软件使用的设备）清单（表2-6）。其中，现场6S整顿方案包括：帮助试点企业建立物料体系，对现场物料进行梳理；对厂房基建布局进行优化改造，科学规划物流通道和路线；建立二维码流转卡体系；建立高低货架式仓库，实现物料和库位的准确管理等。这样不仅节省了空间，还大大提升了数据准确性和物料流转（领料、配送）的效率，降低了作业错误率，企业形象、客户黏性和满意度大大提高，为实施数字化改造夯实了基础。

表 2-3　丽水市青田县阀门行业共性问题及分析（部分）

序号	共性问题	问题分析
1	生产交期不可控，延期变为常态	多品种、小批量特点，导致产品规格多、订单变化情况多；客户定制化要求高、车间异常情况对生产产能产生较大影响，车间的调度没有信息支撑，计划随意性强，导致该生产的没加工/不该生产的提前生产
2	质检控制不到位，产品品质上不去	首检、巡检、末检对时效性要求高，无法监控是否按标准检验；质量追溯无法准确跟踪，导致质量问题得不到有效改善，产品的品质无法提升
3	库存账统计难，在制品积压多	行业特点决定了"一物一码"的管理模式，必然增加非常大的工作量，导致缺乏较好的库存账模式，管理人员主要看实物进行管理决策；异常物料、呆滞物料无法监控和有效利用

表 2-4　"N"项共性应用场景清单（部分）

共性问题	应用场景	功能说明	功能清单	价格/万元	实施周期/天	预期成效
生产交期不可控，延期变为常态	生产管理	生产过程实时展现交期异常预警；装配监控和预警	生产工单生成与查询	10	25	提升准时交货率20%~30%，保证生产任务日清日结
			工序流转卡打印			
			工单扫码报工（支持分批报工）			
			生产交期实时查看			
			生产交期预警			
			工序BOM维护（加工中心、生产节拍等）			
			支持流转卡方式派工			

（续）

共性问题	应用场景	功能说明	功能清单	价格/万元	实施周期/天	预期成效
质检控制不到位，产品品质上不去	质量管理	首检、巡检、末检检验工单自动生成，并根据时效性自动通知、预警、上报；质量分析报表自动生成（缺陷项的百分比等）	检验不良品原因维护	6	10	质检执行率达到100%，提升质量合格率20%~30%
			检验类别配置（首自巡末）			
			检验触发规则配置			
			检验项目和数量规则配置			
			检验工单自动生成			
			首/自/巡/末检工单提醒与上报			
			检验异常呼叫			
			检验不良品统计看板报表			

表 2-5 "X"项个性应用场景清单（部分）

个性问题	问题分析	应用场景	功能清单	价格/万元	实施周期/天	预期成效
设备使用寿命短、待修的频率高	因平时点检、保养没有执行或者执行不到位，整体设备寿命短，维修时间长，维修过程无法监控	设备管理	设备点检：点检配置；英文设备点检执行	3	5	设备点检率提升80%
			设备保养：设备保养计划配置；设备保养派发配置；App设备保养执行			
			设备维修：设备维修执行；设备维修结果审核			
物料配送传统，缺料信息联系困难	缺料等异常情况需电话或当面沟通，影响效率	物料配送	缺料呼叫	6	10	物料配送效率提升20%
			缺料看板			
			缺料异常监控			
			配送执行			

表 2-6　"N"部分配套硬件清单

序号	名称	技术参数（设备型号）	数量	单价/万元	价格/万元
1	工业一体机	操作系统：安卓 11；CPU：RK3568/4核主频 2.0GHz；运行内存：2G；存储：16G；联网方式：网线接口/无线WiFi；接口：USB×2LAN×1；尺寸：15.6寸（1寸≈3.33cm）	6	0.4	4.4
2	智能看板	操作系统：安卓 7.1；运行内存：4G；存储：16G；联网方式：网线接口/无线WiFi；接口：USB2.0×2，HDMI×1，RJ45×1，音频×1；分辨率：FullHD1920×1080；尺寸：55寸	5	0.5	2.5
3	条码打印机	产品净重：2.09kg；产品尺寸：长254mm×宽 180mm×高 170mm；打印材料：热敏纸、三防热敏纸、合成热敏纸；剪切方式：手动剪切；输入方式：USB	2	0.05	0.1
4	服务器	联想 ST558/ST650V2；CPU：4208 八核 2.1GHz；内存：32G；硬盘：2T×4SATA 硬盘 RAID1；网卡：2个千兆；电源：支持 450W；尺寸：666mm×272mm×437mm	1	1	1

二是政府组织评审试点企业"N+X"数字化改造实施方案。总包商编制完成实施方案后，一般由经信部门组织有关部门、专家召开方案咨询审查会议，逐个听取试点企业解决方案，并提出完善意见。方案的评审要从急需破解在细分行业中影响企业生存与制约利润增长等共性难题、基本建成主要数据体系、消除企业数据孤岛、中小企业普

遍能承受的投资能力、企业全员适岗培训等维度进行。经专家评审指导后，试点企业与选定的总包商将解决方案转化为工程合同，并向经信部门正式报备。

三是总包商牵头实施"N+X"数字化改造工程。总包商根据工程合同负责试点企业数字工厂（车间）建设工程实施，并负责选择管理分包商，协同管理工程进度、工程综合集成、工程质量和工程培训等。在此过程中，政府要牵头组织第三方服务机构做好工程实施的跟踪服务工作，以保障样本质量。政府与第三方提供全程跟踪监理服务。经信部门、专家组定期或不定期下样本试点企业跟踪服务，解决实施中的问题并验证完善样本。分阶段召开试点企业及供应商工作现场会，互比互学互促。过程监理要做到：依照工程合同进行工程监理；实行第三方监理，保证公正性；对工业企业的业主负责，并承担相应的监理责任。

四是总包商牵头做好全过程培训工作。总包商根据"四个同步"（同步规划培训方案、同步签订培训指标、同步跟进培训实施、同步验收培训效果）的要求，在工程实施前、实施中、实施后及时做好对企业全员的培训。总包商可以编写实施和使用培训资料（视频+手册），让企业各类员工掌握并提升数字化操作技能，保障企业全员做到应知、应会、能操作。此外，总包商还应帮助工业企业培养数字化应用人才和运营人才，在项目中指导、考核、培训（前期、测试、试用陪产等），这样既能确保项目后续的正常运营，又能帮助企业开展可持续的数字化转型。

5. 慎验收保质量

坚持验收制是确保样本合格的前提。政府在主导数字工厂样本中，要秉持为同行业面广量大的中小企业负好责、把好关的原则，着力推广数字工厂示范样本验收制。

一是验收既要有功能验收，也要有绩效验收。由试点企业和总包商共同提供竣工验收材料（工作总结、技术总结、上线验收报告、操作培训手册等），试点企业对合同标的完成情况做出评价，经信部门组织专家根据工程合同对试点项目进行功能验收和绩效验收，不达标的要继续整改。工程正常上线一段时间后开展项目功能验收，即对功能实现、企业适配度、员工操作规范等情况进行验收；运行至少 3 个月后，开展项目绩效验收，对员工操作熟练程度、系统安全稳定、管理提升、现场改善、绩效提升等进行全面评价。

二是验收要接受数字工厂建设前后业绩对比的考验。首先，必须贯彻"先验收、再择优确定示范样本"的原则，切不可把试点企业统统树为示范样本，样本是试点企业的"升华"。其次，要"科学评价验收"，依照标准合同进行科学评价验收，确保实现好样本的标准。最后，要把住验收的时间节点，避免急于求成，要接受数字工程建设前后的业绩对比的考验。数字工厂建设完成投入运营后，是否达到预期效果，数据运行体系与应用软件及工厂硬件系统是否能安全可靠运行、适用、好用，需要运营一段时间后才能真正体现。

6. 总结提炼样本

总结提炼好样本，是试点示范工作的"最好答卷"，是实现批量式复制推广的"奠基石"。样本的总结提炼一般由经信部门牵头，组织专家、总包商、试点企业等多方共同参与研究，根据试点实施经验取优去劣、优化改进形成能够在同行业同类型企业复制推广的样本。

一是要总结提炼好"工程方案样本"和"工程合同样本"。"工程方案样本"是总结提炼的具有复制推广价值的工厂数字化改造工程解决方案（实施方案）。"工程合同样本"是"标准文本合同+附件（'N+X'清单）"，要做到"九个明晰"，即标的明晰、价款预算明晰、工期明晰、验收方式与标准明晰、各方权责利关系明晰、投资回报基本明晰、对违约行为的判定与处理明晰、结算方式明晰、质量保障维护期承诺明晰。（关于提炼标准合同的内容在第五章详细介绍，在此不做详述。）

二是高质量样本提炼要做到"三个坚持"。坚持以企业为本，尊重企业意愿，以企业为师；坚持以实绩为先，样本必须要有好的绩效才能高效率复制推广，用切实的成效来打动同行业其他企业；坚持以质量为重，样本的质量低、不达标，同行业其他企业就不愿学、不想学，抓示范企业样本、开展批量式推广工作就难以进行。

三是高质量样本能够为企业提供"八个便利"。具体包括：①依照样本做数字化转型决策的便利；②依照样本找总包商的便利；③依照样本签订标准合同的便利；④依照样本进行监理验收结算的便利；⑤依照样本检验工厂数据体系整体建成且质量达标的便利；⑥依照样本做好员工培训的便利；⑦依照样本推进数字工厂内部组织优化、体制创新的便利；⑧依照样本合同依法维权的便利。

7. 批量式复制推广

实现批量式复制推广，是抓高质量样本建设的价值体现。打造高质量的数字工厂样本，目的是让同行业企业能够看样学样，能依照样本决策并选择工程牵头总包商，仿照样本签订合同，参照样本合同进行工程监管，根据样本合同进行验收结算，最终实现批量式复制推广。抓样本的复制推广，可以从强化样本解读、召开互看互学现场会、提供现场互学培训、加强案例教学等方面推进。通过召开互看现场会、开展互学培训等方式开展样本宣传解读与推广工作，用数据与客观事实做好样本宣介工作，消除企业疑虑，增强企业看样学样的信心。（这一环节的具体内容在第六章详细介绍，在此不做详述。）

根据上文，将4个主体与七大步骤一一对应，可整理出打造高质量中小企业数字工厂样本的基本工作流程（表2-7）。

表 2-7　打造高质量中小企业数字工厂样本的基本工作流程

步骤	政府部门（经信）	试点企业	工程服务商	专家（第三方）
选好试点行业	①根据当地产业情况，选择先行示范的细分行业，并报送审定 ③发布细分行业数字化转型实施方案，出台扶持政策	②配合行业摸底调研	②参与行业摸底调研	②调研摸底行业现状及共性问题，协助选好试点行业、制定细分行业数字化转型实施方案
选准试点企业	①发布试点企业申报通知 ③初审申报材料 ⑥按批次报送审定	②提交申报材料 ④参与调研与诊断	④参与调研与诊断	④对申报企业进行数字化调研与诊断 ⑤参与评审，出具评审意见
公选总包商	①发布总包商公选方案，组织公选 ③组织工程服务商调研试点企业 ⑤组织专家评审 ⑥报送审定后，发布公选结果	⑤参与评审，初步选择意向总包商	②工程服务商自主申报，提交报名材料 ④工程服务商提出"N+X"数字化改造方案	⑤参与评审，出具评审意见
组织试点实施	②组织专家对实施方案进行评审	①配合总包商调研 ⑤成立工作专班，配合总包商项目实施 ⑥参与培训	①调研试点企业，制定试点企业实施方案 ④根据评审完善实施方案，与试点企业签订合同 ⑤组织项目实施 ⑥企业全员应知应会培训	③参与评审，出具评审意见 ⑤全程参与工程实施监理

（续）

步骤	政府部门（经信）	试点企业	工程服务商	专家（第三方）
慎验收保质量（功能验收：一般在上线稳定运行 1 个月后；成效验收：一般在功能验收 3 个月后）	②组织验收评审，初评验收材料	②企业评价（对照合同）③提交验收材料（功能性验收需提交试点企业与总包商双方签署的验收报告）	①总包商提供竣工验收材料③协助企业准备验收材料	③参与验收评审，出具验收意见
总结提炼样本	②组织专家、总包商、试点企业等共同提炼样本	②参与样本提炼工作	①完善"N＋X"数字化改造方案②参与样本提炼工作	②参与样本提炼工作，提出建议
批量式复制推广	①组织召开现场会②启动推广工作	①试点企业接待参观学习③推广企业报名，与意向工程服务商签订合同	④组织实施推广	④全程参与工程实施监理

注：序号大小表示该阶段工作顺序，同序号代表同时进行。

（二）打造高质量中小企业数字工厂样本各方的职责

1. 发挥政府主导作用，协调各方做高质量样本

一是加强领导，把抓中小企业数字化转型作为重点工作。各级政府领导班子"一对一"蹲点工业企业，切实做到工作有部署、落实有检查、督促有举措；建立工作专班，调集经信、科技、财政及专家智库与行业协会的资源，对试点工作提供全过程、全方位的跟踪服务；建立健全责任体系与责任制度，切实做好打造数字工厂高质量样本与

数字化转型的配套改革。

二是统一认识，进一步激发企业数字化转型的自觉性。充分发挥样本典型、行业协会、新闻媒体的作用，认真组织企业访样本、现身说法讲样本、全面理解市场化改革举措学样本，把启发企业自觉看样学样的工作做深、做透、做扎实；充分发挥"赛马"机制，开展"赶学比超"，对优秀的样本企业可以根据中小企业自愿看样学样复制的实绩来评定并给予激励。

三是精准施策，出台引导性、激励性政策举措。针对市场主体缺位、市场机制失效的环节，出台抓样本示范、抓样本推广的激励政策，出台鼓励引进人才、引进创新主体、鼓励专精特新产品创新的研发政策；针对数字工厂工程规划院、工业行业平台服务商、工程监理公司、工程验收机构的缺位问题，出台代理服务机构的补助政策与培育政策举措，发挥其在工程承包前、实施中、工程完工后的全面与全程服务作用，建立完善对工业数字化工程市场的政府依法监管职能。

四是加强引导，抓好数字化转型供给侧改革。要坚持一手抓工业数字化工程与工业平台服务供给端，一手抓工业企业数字化转型需求端，抓好制度供给；尊重企业主体意愿，充分发挥市场供求与竞争机制的作用；在产业基金支持、出台鼓励联合与兼并重组政策、提供金融支持、优先上市等方面加强引导，走开放合作联合、并购重组之路。

五是营造良好营商环境。全面推广标准文本合同，为依法治理工业数字化工程市场奠定基础；全面引进工程监理等服务机构，完善民主监督群体治理机制；带头兑现政策，抓好工程合同纠纷调解与工程款结算专项行动，营造良好的营商环境。

六是经信等部门要精心组织、措施到位。经信部门要贯彻好党委政府的决定、决策，协调、管理、监督试点示范实施的各项工作，积极组织服务商、专家到企业一线去宣贯、调研、指导，消除企业数字化改造顾虑，引导企业积极参加数字化改造。

2. 发挥企业主体作用，精心组织全员参与实施

一是企业要把试点项目作为"一把手工程"抓实抓好。董事长、总经理或分管副总要当好领头雁、排头兵，带头学、带头做，让自己成为懂改、会改的行家里手。

二是企业要建立相应的工作专班。与工程承包商及其他各方做好对接，特别是要让企业现有的生产调度、财务与人事管理、仓储与物流、产品营销等部门的人员全程跟班。

三是企业要向总包商的技术人员"拜师学艺"。学会数字化操作的本领，趁机培育好日后企业自构优化，配备好与数字化转型相适应的岗位。

四是企业要做好企业全员培训。根据数字化操作的要求提炼新的各岗位操作规程，及时让全体员工掌握数字化操作技能，做到"会用、能用、善用"，提高效能，分享成果。

五是企业要进行数字化转型配套的制度创新。适应数字工厂的管理新要求，对工厂原有管理制度要"破旧出新"；建立健全员工数字技能使用考核制度，奖惩分明；健全工厂内部各个岗位的责任制，员工依规定协同，确保数字化落实落地。

3. 发挥总包商牵头作用，集中资源做好实施实训

一是总包商要专注和深耕行业。对行业生产工艺、工序、流程等有深入的了解，具有较为丰富的改造经验与成功案例，让每一位参与行业数字化改造的开发和实施人员成为行业专家。

二是总包商要舍得投入。调集精兵强将充实力量，精准组织打好关键"攻坚战"，精心施工把每一步都做好、做到位。

三是总包商要确保工期和质量。严格按照合同规定的工期节点完成项目，坚持"质量第一、质量为王"的理念，以合同规定的标准与规范严把各个细节的质量关，争创"精品工程"。

四是总包商要确保做好培训及后续服务支撑。以"包教包会"的形式让企业全员会用、能用、善用，同时在工程实施过程中帮助企业培养数字化应用和运营人才，边实施工程边培养人才。

五是总包商要确保企业的数据安全。按照企业"取数、用数"要求，保守企业数据秘密，创建用户的"放心工程"。

六是总包商要做好与各分包商的协同配合。不互相扯皮推诿，建立职责分明的合作机制，责任共担、利益共享。

4. 发挥第三方监理作用，全面全程做好咨询指导

一是第三方监理要提供打造样本全面、全程、全链式的服务。从前期企业调研、试点企业的选择、实施方案的编制、总包商的公选、实施过程的监理、科学的评价验收、样本的总结提炼到批量复制推广等，全过程提供指导与服务。同时，工业数字化工程监理需要做到"三控、两管、一协调"："三控"包含质量控制、进度控制、成本控制；"两管"包含文档合规管理、数据安全管理；"一协调"包含协调应知应会培训、看样学样的推广工作和政策及时落地。

二是第三方监理要提供数字化工程承包前、实施中、实施后的服务。为工业企业与工业数字化工程牵头总包商提供工程承包前的工程承包方案完善磨合服务、工程实施中的工程质量监理服务、工程完成后的工程验收把关服务，提升工程承包前、工程实施中、工程实施后的服务水平与质量。

三是第三方监理要提供数字化工程督促检查、政策兑现、矛盾纠纷协调、工程款兑付等方面的服务。及时发现、调解处理工业企业数字化工程发包方与承包方的矛盾纠纷，把矛盾纠纷解决在萌芽状态，防患于未然。

第三章

实施牵头总包新模式

牵头总包新模式指由一家服务商牵头总包，全面负责中小企业数字工厂的建设，并为其提供系统的用云服务。这是中小企业数字化建设的重要供给模式，目的是让中小企业实现业务系统综合集成，有效突破中小企业数字化建设中"九龙治水""各自为政"的困局。牵头总包新模式是系统解决方案的关键，既向前关系到样本质量，又向后关系到批量化复制推广成效。

一、实施牵头总包新模式的必要性

几乎所有的制造业中小企业在推进数字化建设的过程中都会遇到下述三大主要难题。牵头总包新模式，通过先公选后自选总包商的方式，以"交钥匙"服务为目的，采用"咨询+实施+服务"一体化方式，极大克服了这三大难题，助力中小企业省心省事省时又经济高效地实现数字化改造的效益预期。

（一）有利于中小企业正确辨识优选数字化服务商

一直以来，企业每实施一次数字化改造项目，就可能需要适配一次服务商，而市场上服务商不计其数，业务无所不包，行业知识与经验深浅不一，水平参差不齐。另外，服务商之间也是千差万别，比如软件开发商、软件实施商（代理商、渠道商）、软件咨询服务商、软件集成商等，令人眼花缭乱，而真正具有总包服务能力的服务商极其稀缺。这对于缺乏数字化认知，还缺乏数字化市场认识，更缺乏数字化专业人才的中小企业来讲是一件非常棘手的事情，虽然通过各种渠道、方式、路径，花费了大量的沟通、调研、时间等成本，但还是很难找到适配的服务商。信息不对称导致众多中小企业选不好、选不准服务商。比如，江山市某家企业前后花费了半年左右的时间对比了七八家服务商，才勉强选择了一家服务商，最终还是没有达到预期效果。

（二）有利于中小企业实现业务系统的综合集成

企业数字化建设是一项复杂的系统工程，碎片化的分包、分时、分期推进，会造成数据孤岛多、系统难集成、后续运维难。传统数字化改造工程实施模式的特点是"马路警察，各管一段"，设备、接口、协议、格式五花八门，设备间、系统间、部门间孤岛林立，造成数据不能互通、软件不能互联。由于中小企业普遍存在信息化基础薄弱、缺乏信息技术人才的问题，难以承担系统集成的重任，往往会陷入做了一段时间又推倒重来的困境。比如，新昌县的一家胶囊企业，不同的制造单元分别请了西门子等四家企业分包，结果是各家的工业软件互不相融；兰溪市的一家纺织企业花费了近千万元选购了近十家知名企业的软件，上线后各款软件不能协同工作；杭州市临平区的一家企业花费百万元购买了两家企业的 AGV（自动导引运输车），结果系统不能相互兼容，只能将一家的 AGV"雪藏"。

（三）有利于中小企业形成好用管用的系统服务体系

缺乏系统化的、与业务体系相适配的数字化整体规划，是目前中小企业数字化改造效果不明显的根本原因。中小企业由于自身的认知、技术、人才、资金等局限，加之数字化工程市场发展不成熟，中介机构少，难以借助外部力量，使得企业缺乏长远、系统、体系性的规划。有些中小企业往往因时间、渠道、能力等资源有限，仅对比两三家服务商后就草率上马快速推进，造成以系统"不会用""用不好"等结果而草草收场。埃森哲的相关数据显示，2018 年当中国企业普遍思考并开始推进数字化转型的时候，只有 7% 的企业成效显著，2021 年数字化转型成效显著的占比仅上升至 16%。数字化改造作为一项系统工程，中小企业没有整体改造意识，大多是问题导向，往往采取小修小补、零打碎敲的方式推进，难以发挥整体效益，不能充分挖掘数据价值。企业普遍反映，虽有获得感但效果一般。

二、牵头总包新模式的内涵与特征

（一）牵头总包新模式的内涵

牵头总包新模式是由牵头总包商按照与建设单位签订的合同，以工厂（企业）为整体进行数字化咨询规划设计、体系化的技术（设备）、系统改造与集成、云化服务，并对工程质量、工期、造价、培训、后续维保等全面负责的工程建设组织实施方式。牵头总包新模式的目的是使企业的数字化改造工程做到"一张蓝图绘到底、一企一案做到底、一家牵头包到底"，即牵头总包商全面负责数字工厂的整体规划设计，统一技术标准，统一管理工程建设、工期与交付，统一负责工业企业人员的操作技能培训，统一负责工厂数字工程的质量保障。

牵头总包新模式是一家牵头、多家参与、系统解决问题的总包联合体，具有组织重建、体制重塑、体系重构、治理重立的优势。牵头总包新模式并不是一般意义上项目承包的叠加，而是一种以向业主交付最终产品服务为目的，对整个数字化工程项目进行整体构思、全面安排、协调运行的前后衔接的承包体系。它将过去碎片化的建设转变为通盘考虑的系统化建设，使数字化改造项目更加符合建设、运营规律。

此外，系统解决问题的总包模式明确牵头总包商的主体责任，牵头总包商对承包的全部数字化改造工程质量及维保工作依据合同约定承担责任，分包单位对分包部分的质量负责，分包不免除总包单位对承包的全部工程负质量和维保责任。

（二）牵头总包商的特征

基于对牵头总包新模式的理解，牵头总包商基本需要具备以下 5 个方面的特征，也即 5 个方面的能力。

1. 有数字化整体规划设计与咨询能力

数字化整体规划设计与咨询能力指为企业制定包含业务流程、管理体系、技术支持、组织重构等整体数字化解决方案的规划设计能力，以实现数字化转型的目标和效果。企业数字化的整体规划设计能力，是牵头总包商业务层面的能力。整体数字化咨询能力指工程商具有企业管理与数字化两方面业务融合的能力，并能在此基础上为企业提供数字化管理咨询服务。

2. 有体系化集成能力

体系化集成能力指牵头总包商对业务整合集成的能力，是技术与业务层面的能力，包括业务集成整合能力与系统集成整合能力。业务集成整合能力指对咨询、规划、设计、实施、培训等业务全过程的集成整合能力，即总包商既要懂各个阶段的业务，又要有将各个阶段的业务进行融合的能力。系统集成整合能力指将各种数字技术、软件集成（开发）服务、系统工程与企业业务集成并融合的能力。

3. 有集成化管理能力

集成化管理能力指牵头总包商的项目管理体系及综合管理能力包括组织集成管理、技术和专业集成管理、过程集成管理。组织集成管理即对项目利益相关方的集成化管理，将各方转变成一个具有共同利益与约束的集合体，如通过约束与激励性制度创新确保整体工程责任的履责能力。技术和专业集成管理即对多个技术和专业的集成化管理，能够对项目中的技术和业务进行管理。过程集成管理即项目实施过程的集成化管理，如多个物联网系统与集成体系性工程的综合管理

（对工程的质量、工期、成本、安全及对不同系统工程进行协同管理），以及项目包（群）综合管理能力。

4. 有资源整合能力

资源整合能力指牵头总包商对企业战略层面的业务整合能力，包括生态整合能力与可持续经营能力。生态整合能力指善于整合分包商并创造新价值的能力，如选得准分包商、对分包商有全面认识，并能以其之长补己之短，发挥各自的优势达到合作共赢。可持续经营能力指企业可持续的运营能力、对工程整体方案谈判的能力，以及具备典型示范、宣传推广、解疑释惑的能力，能客观有效地解除客户的各种顾虑的能力，即让企业活下去的能力。

5. 有行业的实战能力

牵头总包商首先应具有相应的总包典型案例，对行业有较深的理解，知晓行业的价值点与痛点，这是从实践角度出发需要的能力。该能力首先要求牵头总包商在细分行业中拥有系统（总包或牵头总包）解决数字化改造的工程实施经验，或有相似行业典型的工程牵头总包实施案例；其次应配备具有相关类似数字工程实施经验、较强组织协调能力和良好职业道德的项目经理。

例如，江山市某木门厂选择了一家在行业内有近 10 年信息化经验的某公司作为集成总包商，集成总包商联合 3 家木工数控设备制造厂商、2 家软件商作为分包商，还有 2 家数字化岗位技能培训与实训服务商，通过 6 个行业共性应用场景初步搭建起基于数据驱动的系统互联互通体系。通过这些措施，该市高度非标化的木门企业智改费用平均降低 83% 以上，生产效率提升 50% 以上，订单流转周期缩短 28%，综合管理成本降低 22%。

（三）牵头总包商的职责

1. 参与试点企业调研提出"N+X"数字化解决方案

通过报名公选活动成为候选总包商后，对试点企业开展全面深入细致的调研是各牵头总包商的首要职责。"N+X"数字化解决方案是公选环节的重点，也是后续样本总结提炼的基础，牵头总包商对解决方案质量的把控直接影响试点的质量。

2. 作为主体牵头实施好数字化改造工程

在成为数字化改造企业选择的总包商后，总包商需积极主动地推进项目工作，牵头完成贴近甲方企业业务实际的实施方案规划设计，并与甲方联合推进项目建设，做好甲乙双方之间的沟通工作，全面把控项目质量、进度、成本、培训等内容，衔接分包商督促分包工作按质量、按计划完成。

3. 会同各方梳理确定"N+X"数字化改造共性内容清单

牵头总包商是样本提炼的关键一方，需要主动在试点实施过程中边实践边总结细分行业的"N+X"数字化改造内容，并在验收之后积极与各方沟通，梳理反馈试点问题，总结提炼可复制的数字化改造共性内容清单。

4. 总结提炼"N+X"数字化改造两个样本

工程样本和合同样本的提炼是样本打造的核心工作，总包商需主动积极地配合政府开展样本提炼相关工作。对合同样本有9项基本要求，即标的明晰、价款预算清晰、工期明晰、验收方式与标准明晰、各方权责利关系明晰、投资回报基本明晰、对违约行为的判定与处理明晰、结算方式明晰、质量保障维护期承诺明晰。

工程样本是中小企业可看可学的关键，一个好的工程样本应具有以下 5 项基本特征：有成效（解决共性痛点问题）、做得成（投得起、工期短、回报高、培训好、有保障）、可照学（分类学）、可升级（总体规划分步实施、可迭代升级）、看得明（一眼就能看出与传统工厂的不同）。

三、实施牵头总包新模式的方法

（一）政府发布公告，组织承包商报名，初审初选承包商

1. 经信部门发布公告，广邀潜在适配承包商报名

由经信部门向社会发布关于公开征选细分行业试点企业"N+X"数字化改造牵头总包商的公告。比如，江山市是通过发函邀请一批有意向的承包商参与牵头总包商竞选；永康、义乌、嵊州等地是以发布公告的形式征集牵头总包商。

首先，公告要对细分行业中小企业数字化改造"N+X"模式做出说明，并明确"N+X"数字化改造模式的建设要求。"N+X"模式采用牵头总包，从试点企业提炼"规范的文本合同+附件（'N+X'清单）"作为样本，再进行做样仿样复制推广。

其次，公告明确牵头总包商申请条件。从各地实践来看，牵头总包商最重要的是要具备数字化改造工程系统综合集成能力，有相应细分行业数字化改造的经验和案例。比如，江山市要求具有精细化工行业数字化改造经验，义乌市要求具有服装行业数字化改造经验和案例。

《关于公开征选细分行业试点企业"N+X"数字化改造牵头总包商的公告》（参考范例）见本章后面附录 A，《总包商申请表》（参考范例）见本章后面附录 B。

2. 承包商根据公告进行申报

承包商根据公选公告按要求提交《牵头总包商申请表》，该申请表的填写重点是证实企业自身具备数字化改造工程总包能力，有行业数字化改造经验和案例。因此，承包商务必要提供同类典型案例，一方面要有控制地罗列做过的行业内有影响力的成功案例，另一方面要通过对典型案例的陈述佐证自身具有总包能力。

3. 经信部门组建专家组，经审查评定，初定入围名单

经信部门组建专家组对承包商按照其申报的材料进行初次筛选，重点是按照公告中的要求书面审查承包商的材料。对承包商申报的典型案例若存在疑问，可以组织专家组前往案例所在地实地调研审查，确保案例的真实性和有效性。通过此轮审查，筛选一批符合要求的承包商。比如，杭州市临平区就在这个环节筛选掉两家不符合要求的申报企业，主要原因在于申报的承包商没有行业案例或者行业案例不成熟。此轮审查的重点是选出几家具有行业数字化改造能力、竞争力较强的工程承包商。

（二）经信部门组织调研，做好候选总包商与试点企业的对接

经信部门根据企业意愿可以初排《调研接待安排表》，试点企业根据意愿邀请候选牵头总包商调研，候选牵头总包商可以对调研对象、调研内容提出要求。在企业接受的前提下，候选牵头总包商也可以自愿、自主地选择试点企业进行调研。试点企业可以在同一时间接受多家候选牵头总包商的调研，也可以分阶段接受候选牵头总包商的调研。

经审查评定成为候选牵头总包商后，对试点企业开展全面深入细致的调研是各候选牵头总包商的首要任务，重点是摸清行业数字化存在的痛点，即共性问题、共性需求。候选牵头总包商要舍得投入，派出熟悉细分行业、具有多年行业经验的数字化专家、企业管理咨询专家等类型的人员参与试点企业调研，是精准组织打好这场"攻坚战"的核心。

（三）候选牵头总包商会同试点企业梳理"N+X"清单，制定数字化改造方案

"N+X"数字化解决方案是公选环节的重点，也是后续样本总结提炼的基础，候选牵头总包商对解决方案质量的把控直接影响试点的质量。调研后，由候选牵头总包商针对试点行业编制"N+X"数字化改造解决方案，方案按建设要求规划设计，即基于统一标准改造工厂各类设备与系统，实现企业生产主要环节的数据采集，打通并利用好生产要素、制造过程、经营管理流程的数据，并提供针对性的全员培训等。行业共性应用场景的提炼要从急需破解在细分行业中影响企业生存与制约利润增长等共性难题、基本建成主要数据体系、中小企业普遍能承受的投资能力、企业全员有适岗培训等维度进行，能够基本实现订单全流程数据的互联互通和可视化。

如有需要，候选牵头总包商还可以进行补充调研，范围可以扩大到细分行业。

（四）经信部门组织复审复选，确定入围牵头总包商

由政府经信部门发布牵头总包商公选评审活动公告，公告中明确集中评审程序、评分标准（也有地区在公开征选牵头总包商公告的时候就发布了评分标准，如义乌等地）、排名规则。另外，公告中还明确公选时间、地点，以及候选牵头总包商需要提交的材料清单。《关于组织细分行业试点企业数字化改造总包商遴选的通知》（参考范例）见本章后面附录 C。

1. 组建公选小组

经信部门牵头组建公选小组，一般由 7 人以上的单数成员组成，主要有政府相关部门、试点企业负责人，行业内专家。江山市的公选小组成员包括 4 家试点企业的董事长或股东代表和 5 位业内数字化改造专家。必要时可以邀请纪委等人员现场监督。如果选择专委专家，建议优先从派驻专家指导组中选择，再从专委层面选行业适配的专家。其中，有利益关系的专家应当回避。专家名单在前一天通过公正的方法产生，并予以保密。

2. 设定评审程序

候选牵头总包商在集中评审活动前抽签决定评审顺序，并提前 10 分钟在答辩室外等候。入场后，首先由试点企业简要阐述其数字化改造需求或问题，对应候选牵头总包商介绍其数字化改造解决方案；其次对行业共性应用场景及其价格、施工周期、预期成效等各方面的内容一一进行介绍，并对与会人员的询问、质疑等做出针对性的回答。

3. 对标评审打分

评分标准主要包括以下 9 个方面：

一是行业数字化服务实力。重点考察候选牵头总包商的实力，如软件著作权数量、有无工业互联网平台等。

二是行业落地案例。重点评估落地案例质量和数量，如质量方面看是否为"工业互联网平台+数字工厂"型，数量方面是案例的个数。有无平台要区分对待，同时还要考察平台上活跃的企业数量。

三是项目团队及技术力量。重点评估企业整体的技术水平和其预安排投入本项目的团队，综合考察拟投入本项目的技术实施人员的能力、业绩等情况，重点关注项目经理的情况。

四是整体解决方案。重点评估数字化改造"N+X"方案的完整性、系统性、针对性、可操作性、有效性。

五是培训方案。重点评估培训方案、计划及承诺是否科学合理，是否具有较强针对性、有效性及可操作性。

六是效益提升。重点评估 QCD（质量、成本、交期）3 个指标的预期可实现性。

七是组织实施方案。重点评估进度计划和保障措施、质量目标和保证措施的有效性。

八是售后服务保障。重点考察售后服务承诺的可操作性、合理性，以及巡查、回访制度、应急保障措施、"N"项免费维护期限等。

九是增值服务或合理化建议。重点评估有实质意义的增值服务或合理化建议。

以上 9 个维度的考察评估标准重点是前 5 项，如果将其量化，应当占据 80% 左右的分数。比如，义乌市评选服装行业牵头总包商前 5 项的分值约 80 分。

4. 确定入选名单

一是计分规则。在公选小组打分的分数中，去掉一个最高分（若最高分有重复，仅去掉一个）和一个最低分（若最低分有重复，仅去掉一个），将剩余的得分数取平均值，作为最终分值。

二是排名规则。将上述分值按照降序排列，总分最高者为排名第一。在候选牵头总包商得分完全一致的情况下，由公选小组商议得分相同候选牵头总包商排序，可重点考察解决方案的适配性，并以少数服从多数原则做出结论。

三是名单确认。公选小组确认最终的候选牵头总包商排名后，提出推荐单位，并给出优劣势分析（推荐数量可多于经信部门要求的数量，以便供经信部门选择）。经信部门根据公选小组的推荐开展研究讨论，并最终确定推荐单位。

（五） 政府公开发布总包商，供需双方自主配对签约

根据最终确定的名单，经信部门向社会公开发布最终入选的总包商名单，企业根据此名单，自主选择牵头总包商。江山的实践是不对候选供应商打分，由试点企业根据评审情况自主选择，其化工行业试点某企业就根据评审情况放弃了自己一开始选择的牵头总包商，而木门行业则在评审完成后试点企业全部选择了同一家牵头总包商。金东、义乌等地是公选小组根据评分标准给牵头总包商打分排序，再由经信部门由高到低选定若干家牵头总包商供企业自主选择。试点企业通过比选后选择其认为适合自身的总包商并签约。

《关于细分行业试点企业"N+X"数字化改造牵头总包商评审结果的公示》（参考范例）见本章后面附录 D。

（六） 供需双方形成合力，协同实施数字化改造工程

1. 试点企业与总包商共同成立数字化推进小组

一是确定小组成员构成。试点企业由一把手牵头，由分管技术或生产的副总总体负责，成员由研发、采购、信息化、生产等部门代表构成，优先选择部门内熟悉业务、积极性高、有威望、善于沟通和协调的人员。总包商由片区分管总监牵头，由项目经理总体负责，成员由交付经理、销售、现场实施代表等构成。

二是确定小组主要职责。项目实施前，积极梳理企业内部生产、运营、管理等业务及企业上下游间业务的痛点和流程，以及各部门各岗位的具体需求，与总包公司商定数字化整体改造方案；项目实施中，积极配合总包商推进工程实施，协调各方资源、各部门关系，管控督促工程进度；项目实施完成后，积极组织验收工作，全程参与对内部员工的应知应会培训，并在后续的使用中继续联系总包商优化、

完善、迭代应用系统。

2. 总包商牵头制定数字化改造实施方案

总包商与试点企业合作将"行业解决方案"根据新一轮深入企业的调研转化为"企业数字化改造实施方案"。在该阶段，总包商、分包商与中小企业合作，明确项目的目标和范围，即定义项目的具体目的、工作内容和规模，为项目提供明确的方向和重点。总包商、分包商与中小企业进行充分的沟通和讨论，深入了解他们的需求和期望，并与之达成一致，确保项目的目标和范围与业务需求相符。在确定项目目标和范围时，有以下 8 个步骤：

一是调研和需求分析。在开始项目前，总包商进行详细的调研和需求分析，其中包括对中小企业的业务、流程、系统和现有技术的全面了解。通过调研和需求分析，识别中小企业的数字化需求，确定项目的目标和范围。

二是目标设定和任务分解。基于对中小企业的调研和需求分析，设定明确的项目目标，并将其分解为具体的任务和阶段性目标。每个任务和阶段性目标都应具备可测量性和可实现性，方便后续的进度监控和绩效评估。

三是项目范围定义和变更控制。明确项目的范围，并将其限定在可控制和可实现的范围内。同时，建立变更控制机制，以便有效处理项目范围的变更请求，并确保项目的稳定性和可持续性。

四是制订项目计划。在确定项目目标和范围后，制订详细的项目计划。项目计划是一个包含时间安排、资源分配、任务分工和里程碑等信息的文件。通过合理制订项目计划，总包商可以实现对项目进度、成本和质量的有效控制。

五是时间安排和资源分配。安排合理的时间表，明确项目的起止日期和工作周期。同时，合理分配所需的资源，包括：①人力资源的调配和管理。根据项目需求，合理调配和管理所需的人力资源。这包括招募和选派合适的项目团队成员，并明确他们的职责和工作分工。在项目推进过程中，监督和指导团队成员，确保他们的工作按计划进行，并提供必要的培训和支持。②技术资源和物资资源的调配。技术资源包括软件、硬件设备、开发工具等；物资资源包括文档、资料、样品和其他必要的实物，确保这些资源能够及时提供，满足项目的需求。

六是任务分工和责任分配。将项目分解为具体的任务，并将其分配给项目团队成员。每项任务都应指定负责人，并明确具体的工作内容和交付要求。这样可以确保项目团队的协同工作，提高工作效率和成果质量。

七是里程碑的设立。在项目计划中设立关键的里程碑，以便标识项目的重要节点和阶段性成果。里程碑的设立有助于监控项目的进展，并及时进行调整和控制。同时，里程碑也可以作为项目进度和绩效评估的依据。

八是建立高效的项目团队。总包商需要建立高效的项目团队，确保团队成员之间的协调和合作。团队成员应具备所需的技能和经验，并共同致力于项目的成功完成。总包商可以通过组织团队会议、定期进行团队培训和交流等方式，提高团队的凝聚力和执行力。

3. 牵头总包商作为实施主体统筹项目有序推进

制造企业作为项目建设的主体，在项目建设过程中，要积极承担建设主体责任，不能做"甩手掌柜"。

一是总包商要高度重视项目质量，统筹项目组织管理。牵头负责数字工程实施方案的编制，明确统一的工程标准与安装操作规程，协同工作进度，承担骨干工程施工任务与工程技术专业数据体系的集成工作，加强对分包工程的质量监管与进度协调工作，做好数字化改造项目全过程的培训工作。保持与企业高层的有效沟通，做好各阶段项目成果的内部及时评审确认，重点保证外部资源配合和项目采购进度，做好项目会议及沟通，做好项目激励、宣传，确保变革的平稳顺利进行，创用户"满意工程"。在人员配置上加强发挥双项目经理的作用，依据合同加强项目管理工作，确保工期，严格按照合同规定的工期节点完成项目；确保质量，以合同规定的标准与规范严把各个细节的质量关，争创"精品工程"。

二是总包商要与试点企业做到"双轮驱动"。①建立工作协商会商制度，联合编制数字工厂（车间）工程实施与日常生产经营计划，力求做到不误工、不误时；②联合编制工业企业全员应知应会培训计划，确保骨干培训与全员培训的质量；③联合协商工程实施中遇到的新情况新问题，及时化解纠纷，确保工程实施的顺利进行；④工业企业加强对数字化转型的领导，抓好观念转变、方案决策、工作专班建设、全员培训、内部改革、工程验收与工程款结算等工作，为数字化转型提供思想保障、组织保障、工作保障、体制保障、物资保障。

三是总包商要与分包商协作配合，"双管齐下"。总包商与分包商分工明确，紧密合作，建立工作协商会商制度，建立职责分明的合作机制，健全协同工作体制，确保全面完成依法履约责任。总包商与分包商协同配合，联合编制数字工厂（车间）方案，签订工程分包合同，编制协同施工图与实施计划，明确统一的工程标准与操作规程，确保工程质量与生产安全、数据安全，确保工程顺利完成。总包商牵头负责工程实施方案的编制，承担骨干工程施工任务与工程技术专业数据体系的集成工作，加强对分包工程的质量监管与进度协调工作，杜绝虚假合同行为、"半拉子"工程与"豆腐渣"工程。工程分包商积极与总包商沟通，发挥自身优势，按质按时完成分包项目。

四是总包商要加强项目风险管控。在项目实施过程中，持续进行监控和风险管理，以确保项目按计划进行，并及时应对潜在的风险。①进度和绩效监控。总包商对项目的进度和绩效进行实时监控，并与项目团队进行定期的沟通和汇报。这有助于发现项目进展中的问题和瓶颈，并及时采取措施进行调整和优化。②风险识别和评估。总包商识别和评估项目可能面临的风险，并制定相应的风险应对措施。风险评估应包括风险的概率、影响度和应对策略等，以在风险发生时做出及时的应对决策。③变更管理和控制。总包商建立变更管理机制，以便有效处理项目范围的变更请求。变更管理应包括对变更请求的评估、批准和实施等环节，以确保项目的稳定性和可持续性。

五是总包商加强项目沟通与协调，建立合适的沟通渠道和机制，以确保项目各方的需求和期望得到有效传达和理解。沟通与协调是项目成功的关键，有助于解决团队成员之间的沟通障碍，促进项目各方的合作。①内部沟通与协调。总包商建立团队内部的沟通渠道和机制，以促进团队成员间的合作和信息共享。这可以通过定期的团队会议、项目管理工具和沟通平台等方式实现。②外部沟通与协调。总包商与中小企业及其各级代表进行密切的沟通和协调。这包括与项目业主、分包商和监理机构的沟通，以确保项目各方的期望和需求得到满足。③风险沟通和问题解决。在项目过程中，总包商及时沟通并解决项目中的问题和风险。这要求总包商具备良好的沟通和解决问题的能力，并采取适当的措施和策略，以确保项目的顺利进行。

六是总包商要加强多级分包商管理。在数字化转型项目中，总包商可能需要与多级分包商合作，共同完成项目目标。为了确保项目顺利进行，总包商需要对多级分包商进行有效的管理。①分包商选择和合同签订。总包商根据项目需求选择合适的分包商，并与其签订合适的合同。分包商选择应考虑其能力、经验和信誉等因素。合同签订应明确双方的权责和交付要求，以确保项目按计划进行。②分包商监督与指导。总包商对分包商进行监督与指导，以确保其按时、按质地完成任务。监督与指导可通过定期检查、工作进展会议和问题解决等方式进行。同时，总包商需要及时提供所需资源和支持，以便分包商能够顺利完成工作。③分包商绩效评估与奖惩机制。总包商建立分包商的绩效评估与奖惩机制，以激励分包商提升工作质量。绩效评估应基于预定的评估指标和标准，奖惩机制应公平、公正、透明，并与合同约定相一致。

4. 牵头总包商做好培训与技术支持

企业员工是数字化改造技术的使用者、操作者，其对数字化改造技术的掌握与使用的熟练程度决定着整个数字化改造工程能否最终成功落地，因而牵头总包商做好企业的全员培训工作至关重要。在启动阶段，组织企业管理层、项目团队搞清弄懂为什么改、改什么、怎么改，激发企业思改、知改的内生动力，形成踊跃参改的局面。在实施阶段，组织企业数字化改造项目团队、各层级业务核心骨干人员达到应知应会，包括：熟悉"N+X"各应用场景功能和应用价值；熟悉基础数据收集整理；熟练掌握"N+X"各模块的操作应用；熟悉运行过程中异常情况处理；学会看数据、用数据，发挥数据价值。积极采用集中培训方式对管理人员和系统操作人员进行功能、价值培训，通过手把手"包教包会"方式对各层级人员进行基础数据整理、系统操作和问题处理方法培训，根据《产品说明书》《操作手册》开展针对性的专题培训。跟进企业业务流程再造与绩效考核机制的重塑，开展岗位轮训。

总包商需要为中小企业提供适当的技术支持，包括系统部署、配置和调试和后续技术支撑等。技术支持应及时响应中小企业的需求，并提供解决方案和指导，以确保数字化系统正常运行。

5. 监理方做好"三控两管一协调"

监理方是代表第三方对数字化改造工程全程进行质量监督的权威机构。监理方应积极帮助企业贴身跟进工程，全程开展监理工作，提供全面、客观的数字化改造专业建议和咨询服务，并根据甲方的要求重点做好"三控两管一协调"，即质量控制、进度控制、成本控制、文档合规管理、数据安全管理、协调应知应会（包教包会）培训工作。

一是重点按照质量控制点要求，在各个实施阶段要求总包商制定组织和技术保障措施，必要时召开相关技术评审。

二是在整个项目实施过程中，督促和审核承建单位提交的工程进度计划，并建立相应的监理制度。定时对承建单位的进度进行检查，就工程施工的动态管理、进度分析和调整给予预警；当工期目标严重偏离时，及时指出，并提出对策建议，同时督促承建单位尽快采取措施。

三是在合同款支付前，核实工程量和对应的价格，核定应支付的进度款对项目成本进行控制。

四是结合相关规范对承建单位提交的文档进行审核。

五是负责项目建设过程中所涉及企业个体数据和资料的保护，保证不被非授权使用。

六是协调和监督甲方培训人员与被实施客户之间完成必要的应知应会培训。

（七）经信部门分步组织验收

试点企业在工程项目完成以后组织内部初验，总包商根据企业验收意见及时整改发现的问题，待项目完善并获得企业认可后报请经信部门组织验收。经信部门根据试点的申报，组织相关专家对试点项目进行全面验收。

1. 功能验收

功能验收是数字化改造工程项目上线运行后，对项目运转、企业适配度、员工操作情况等方面进行的验收。该验收重点关注两方面的内容：一是是否实现订单的全流程可视化管理；二是是否已实现上线试运行。

2. 绩效验收

绩效验收指数字化改造项目运行至少 3 个月后，对功能实现、运行状态、实施成效三大维度进行的全面评价。该验收重点关注绩效的实现，由企业做评价，并以签约合同的绩效为依据标准，考核企业数字化改造的预期目标与预期绩效是否有效实现。

（八）总包商负责后续运维保障

项目实施验收后，总包商要全面负责后续的运维服务，保障数字化改造系统的正常运行。

四、实施牵头总包新模式注意事项

（一）先选试点企业，后选牵头总包商

当前有些地区是先选牵头总包商，后选试点企业。这种做法的问题是无法获得制造企业的声音，尤其是不清楚牵头总包商对于本地企业数字化改造痛点问题的把握程度。先选试点企业后选牵头总包商是为了让企业充分接触牵头总包商，了解牵头总包商，同时也是专家指导组把关牵头总包商解决问题能力的窗口。

总包是对企业数字化改造工程的总包，即项目总包。专委提的总

包是企业数字化改造工程的总包，是为了破解原先系统难集成问题，是从企业整体解决问题的角度出发提出的项目总承包。总包不是联合承包（联合承包是临时的组织），更不是行业总包、区域总包。

（二）发挥好政府主导、企业主体、专家参谋的作用

公选的目的是帮助企业把关。这与当前因中小企业缺乏相关的数字化应用人才、不清晰数字化改造项目优先级、数字化工程市场不成熟、高水平中介少等问题而导致的不会选、选不了、选不好服务商是密切相关的。政府是公选的搭台者、组织者，专家是解决方案、商务方案的把关者。

（三）公选牵头总包商注意质与量的统一

试点是小范围的探索，故在试点企业数量不多的情况下牵头总包商不宜过多。比如有 9 家试点企业，按照目前实践一般会选 2~3 家总包商，目的是让牵头总包商间以竞争的态势保证试点的有效性，即以"赛马"机制完成高质量的样本建设。如果牵头总包商的数量多，后期模式的总结提炼就会遇到较大的困难。但需要注意的是经信部门推介的是"N+X"数字化改造模式，推广的是高质量的样本，不是背后的牵头总包商。

除了量，更要注重"质"。随着供应链管控一体化、敏捷化的程度日益加深，企业与外部的数据交换、信息交流的频次越来越高，同时传统部署模式面临安全性不足，运维人才贵且普遍难招、难留，软件迭代升级不便捷等问题，越来越不适应当前发展需求，亟待通过云服务满足企业敏捷竞争的需要。因此，云服务平台商可以是工程总包商，前提是要有工程实施能力，可以分包、自有、合作。反过来说工程牵头总包商可以不建云服务平台，但是最好有云服务平台，或租或

购或入股皆可。

（四）拓宽牵头总包商的来源

打造高质量样本的前提条件是要有扎根细分行业一线实践、具有丰富行业经验、拥有多方面众多高质量人才的牵头总包商。风物长宜放眼量，要用更加开放的眼光去寻找牵头总包商，拓宽总包商的来源，尽可能多地邀请服务商来参加公选。比如，江山市精细化工行业选牵头总包商就从上海引进了 1 家，永康市公选时 4 家牵头总包商中有 2 家来自市外。

（五）坚持质量优先、兼顾价格的导向

试点的首要目的是打造高质量的样本。当前受经济下行的影响，企业数字化改造的投入有较大的收缩，同时受制于中小企业认知、资金的局限，制造企业往往会偏向选择价格较低的供应商；而服务商出于抢占市场的需要，某些供应商也会偏低报价。这种结果往往可能导致非最适配的牵头总包商入选。公选小组应当帮助企业在评审环节把关牵头总包商报价的合理性、合适性。某地公选时由于某服务商因报价偏低而入选，目前近两年了企业数字化改造也没有较大的效果，项目几乎处于搁置状态。

（六）注重公选小组成员结构的合理性

公选的目的是找到适配本地细分行业数字化改造的牵头总包商。"专业的事情交给专业的人去做"，作为一项业务与技术复合的综合性工作，既不懂业务、又不懂数字化、更不懂企业经营的人员不宜入选公选小组。因此，除了制造企业代表，行业内数字化改造实践的专家是最优选择。

附 录

附录 A　关于公开征选细分行业试点企业 "N+X" 数字化改造牵头总包商的公告（参考范例）

关于公开征选××行业试点企业 "N+X" 数字化改造总包商的通知

各有关单位：

为贯彻落实省细分行业中小企业数字化改造工作部署，按照浙江省《推进细分行业中小企业数字化改造行动方案》文件要求，推广"做样仿样推广法"，加快××行业企业数字化改造，现向社会公开征选××行业试点企业 "N+X" 数字化改造总包商，具体事项通知如下：

一、基本情况

"N+X" 数字化改造（"N" 指行业共性应用场景，是必选项；"X" 指企业个性应用场景，是自选项），从试点企业提炼"标准合同+附件（'N+X'清单）"的样本，再仿样本复制推广。项目采取总包模式，由总包商与试点企业签订工程承包合同，在规定期限内组织实施并接受相关部门及第三方机构审计验收。

二、解决方案建设要求

1. 基于统一标准改造企业车间各类设备与系统，实现企业生产主要环节的数据采集，打通并利用好生产全要素、制造全过程、经营管理全流程的数据。

2. 实现工位、车间、管理、决策层的数据可视化，形成一定的数据分析、智能决策能力。

3. 具有建设行业工业互联网平台经验，提供"N+X"的场景化 App。

4. 与企业已有的信息化系统（如 ERP 等）进行系统集成。

5. 提供改造前、改造中、改造后企业全员培训，分级分类开展实操培训。

6. 通过"N+X"数字化改造，解决企业在研发设计、生产制造、运营管理、采购销售、产业链协同等环节的痛点难点问题，帮助企业提质降本增效。

7. 确保工程质量与生产安全、数据安全。

三、申请条件

1. 具有独立承担民事责任的能力，有良好的商业信誉和健全的财务会计制度，近 3 年经营活动中无违法、失信记录。

2. 具备数字化改造工程综合系统集成能力，有××行业数字化改造的经验和案例。

3. 拥有或具备常驻本地的技术服务团队。

四、公开征选程序

1. 公开报名。报名单位将《总包商申请表》电子版（附录 B）连同营业执照复印件、数字化改造工程综合系统集成能力等相关资质证明材料加盖公章（PDF 版）后发送至邮箱：××××。报名时间截至202×年××月××日。

2. 企业调研。由经信局统一安排，组织报名单位与试点企业进行对接，结合前期调研成果及自身实际，提炼××行业共性问题、数字化改造需求及试点企业和细分行业"N+X"数字化改造方案，并将相关成果以纸质（一式十份）及电子版的形式提交至经信局××科，截至

202×年××月××日。

3. 集中路演。由经信局组织报名单位结合实际条件开展现场路演（具体时间及地点另行通知）。

4. 综合评审。经信局会同公选小组进行现场打分，视情对报名单位案例进行考察，综合评审后确定总包商。中选总包商拒绝与企业签订合同的，经信局可以按照综合评审结果，确定下一候选人为中标总包商，也可以重新开展公选活动。

五、联系方式

联系人：××××

电话：××××

××经济和信息化局

202×年××月××日

附录 B 总包商申请表（参考范例）

××行业试点企业"N+X"数字化改造总包商申请表

单位名称		统一社会信用代码	
单位地址			
法定代表人		联系电话	
单位联系人		职务	联系电话
是否有计划在本地注册本地公司	是□　　　否□		

常驻本地团队人数	人	注册资金	万元	202×年度数字化改造营业收入	万元

列举 2~3 个具体实施的数字化改造案例

报名单位意见	法定代表人（签名）：　　　　　　　　　　　单位（盖章）： 　年　月　日

附录 C　关于组织细分行业试点企业数字化改造总包商遴选的通知（参考范例）

关于组织××行业试点企业数字化改造总包商遴选的通知

有关企业：

根据本地××行业数字化改造工作计划，我局决定于202×年××月××日在××组织××行业试点企业数字化总包商遴选，现将有关事项通知如下：

一、时间及地点

时间：202×年××月××日××时

地点：××××

二、会议内容

1.××行业数字化改造试点企业"N+X"数字化改造解决方案现场答辩。

2. 专家评审。

3. 企业投票。

4. 遴选××行业数字化改造总包商。

三、有关要求

1. 服务机构答辩主要采用PPT进行演示说明，会场提供投影仪、网络和笔记本电脑。若需要平台演示的，可自备笔记本电脑联网展示。

2. 每个单位答辩时间安排为30分钟，包括单位答辩人主讲15分钟、专家和试点企业提问 15 分钟。

3. 各单位按照排定的顺序进行答辩，并提前 10 分钟在答辩室外等候（评审答辩排序表见附件 1）。

4. 请各乡镇街道通知列入试点的企业准时到会参加评审会议，并将参会信息汇总后，于××月××日前将参会回执（附件 5）反馈经信局。试点企业参加人员为企业负责人或企业分管生产的主管或企业分管信息化的主管，现场投票环节将采取实名制投票方式，投票结果将作为后续与总包商签订合同的依据。

联系人：××××

联系电话：××××

附件：1. 评审答辩排序表

2. 总包商遴选规则及流程

3. 评分标准表

4. 企业投票表

5. 试点企业参会人员回执表

××经济和信息化局

20××年××月××日

附件 1 评审答辩排序表

候选总包商名单			
序号	企业名称	会议内容	评审时间
1			
2			
3			
4			
⋮			

注：上述总包商路演时间现场抓阄决定先后顺序

试点企业名单					
序号	属地	企业名称	序号	属地	企业名称
1			6		
2			7		
3			8		
4			9		
5			⋮		

附件 2 总包商遴选规则及流程

一、总包商遴选规则

（一）专家评分

1. 在专家现场打分的分数中，去掉一个最高分（若最高分有重复，仅去掉一个）和一个最低分（若最低分有重复，仅去掉一个），将剩余的得分数取平均值，计算出专家评分。

2. 排名。将总分分值按照降序排列，总分最高者为排名第一。

（二）试点企业投票

现场专家评分结束后，公布专家评分情况及排名，试点企业对每家服务机构进行实名投票，单家企业最多只能投两票，超过两票视为无效票，去掉无效票，将投票数进行累加得出总得票数。

（三）最终排名

服务机构最终排名原则上以专家评分（占比30%）、业投票得分（占比60%）、经信局评分（占比10%）合计来确定，三项分数相加后得出服务机构总得分，以总得分高低确定最终排名。若服务机构得分完全一致的情况下，按照企业投票数量确定排名。

若企业投票数量也完全一致，则以专家评分高低确定排名。

二、遴选数字化总包商流程

序号	时间	工作内容
1		召开评审专家会，发放评审材料，组长（现场选举产生）宣布数字化总包商遴选规则和工作流程，现场宣布监督员（可以由纪委派遣）
2		会场准备，服务商抓阄决定路演顺序
3		候选服务商路演（每家15分钟），专家和试点企业提问（每家15分钟）
4		专家集中打分，企业集中投票，工作人员收集打分及投票表格，统计分数
5		专家组长公布候选服务商得分和排名
6		经信局于7个工作日内完成数字化总包商社会公示

附件 3　评分标准表

序号	评分内容	评分标准	分值
1	行业数字化服务实力	企业提供××行业软件平台产品的著作权登记证书及企业实力证明材料： 1. 提供××行业适用的软件著作权，1 个得 0.5 分，最高得 10 分 2. 拥有自主的××行业工业互联网平台（5 分） 3. 企业获得市级、省级、国家级数字化服务商或工业互联网服务认证及其他资质（1~5 分）	20
2	行业落地案例	提供 2019 年至今（以签订合同时间为准）的××行业工业互联网平台及数字化改造案例项目清单： 1. 同时拥有具体工业互联网平台与企业数字化改造案例（15 分），只有工业互联网平台或企业数字化改造案例（5 分） 2. 工业互联网平台接入企业量：有 1~10 家企业接入（1 分），有 11~30 家企业接入（2 分），有 31~50 家企业接入（3 分），有 51 家及以上企业接入（5 分）	20
3	项目团队及技术力量	1. 项目团队：20 人以内（1 分），30 人以内（2 分），31 人及以上（5 分）（提供近半年内的任意 3 个月连续社保资料） 2. 项目团队技术力量：据拟投入本项目的技术实施人员的能力、业绩等综合情况（行业相关学历、行业从业经历、数字化智能化改造经验、省级及以上获奖情况、成果等方面）（0~5 分）	10
4	整体解决方案	1. 针对××行业出具的数字化改造方案的完整性、系统性、先进性、针对性、可操作性、有效性等（包括项目实施所需的设备、数字化硬件做出针对性配置规划）（0~15 分） 2. 针对××行业的工业互联网平台建设方案的先进性、完整性、系统性、可操作性等（0~10 分）	25

（续）

序号	评分内容	评分标准	分值
5	效益提升	根据数字化改造和平台化的服务后的效益提升情况酌情给分： 1. 生产效率：数字化改造和平台化服务带来的生产效率提升情况（0~2分） 2. 产品质量：数字化改造和平台化服务促进产品质量提升情况（0~2分） 3. 生产成本：数字化改造和平台化服务实现生产成本下降情况（0~2分）	6
6	组织实施方案	1. 进度计划和保障措施（1分） 2. 质量目标和保证措施（1分） 3. 安装、调试方案和措施的可行性和先进性（1分） 4. 验收方案及可操作性（1分）	4
7	培训方案	根据培训方案、计划及承诺是否科学合理、是否具有较强针对性、有效性及可操作性等酌情给分（0~8分）	8
8	售后服务保障	1. 售后服务承诺（包括响应时间、到达时间、维保队伍、保证措施等）的可操作性、合理性、科学性、先进性等（3分） 2. 巡查、回访制度、应急保障措施等（1分） 3. 质保期满后的服务承诺（1分）	5
9	增值服务或合理化建议	除公选要求的服务，企业还能承诺提供其他对服装企业有实质性意义的增值服务或合理化建议情况打分（0~2分）	2
合计			100

注：以上需要申请单位提供的证明资料，在公选申请文件的资质证明材料中一并提交。

附件 4　企业投票表

企业名称：

企业代表签名：

数字化服务商名称	企业投票（不超过 2 票）
××××	
××××	
⋮	

附件 5　试点企业参会人员回执表

序号	企业名称	姓名	职务	联系电话
1				
2				
⋮				

附录 D　关于细分行业试点企业"N+X"数字化改造牵头总包商评审结果的公示（参考范例）

关于××行业试点企业"N+X"数字化改造牵头总包商评审结果的公示

各有关单位：

根据《关于公开征选××行业试点企业"N+X"数字化改造总包商的通知》文件要求，经服务商自主申报、现场演示答辩、专家质询，根据评审得分从高到低，拟定××作为××行业试点企业"N+X"数字化改造总包商。现予以公示，公示时间：202×年××月××日—××月××日（不少于7日）。

对评审结果有异议的，可以通过来信、来电、来访等形式向经信局××科反映（电话：××××，地址：××××）。

××经济和信息化局
202×年××月××日

第四章

云化系统服务新模式

云化系统服务是数字化转型服务商基于工业云平台为企业提供贯通生产、经营、管理的数据体系闭环建设与日常全流程运营的服务，其中包括利用工业大数据分析优化决策等帮助实现企业提质量、降成本、防风险、增效益的服务内容。该模式回答了"应该为中小企业提供怎样的及哪些云服务"的问题，为高质量、高效率推动中小企业数字化转型提供了基本遵循。

一、采用云化系统服务新模式的必要性

（一）工业云平台是新质生产要素价值实现的载体

习近平总书记指出，新质生产力"是以劳动者、劳动资料、劳动对象及其优化组合跃升为基本内容的"。"对劳动者、劳动资料、劳动对象等要素发挥优化组合与跃升作用"是新质生产力发展的最值得关注的新特点与新要求。生产、经营、管理等业务数据是数字工厂日常全流程运营最基本的要素，可以认为是新质生产要素。在以数字化、网络化、智能化为特征的科技与产业变革中，工业云平台是数字工厂生产、经营、管理等基本业务数据要素采集、汇聚、归集、存储、运用、管理并实现优化组合及用数赋能水平跃升的关键载体。

在我国加快全面普及数字化工厂之际，基于工业云平台推进中小企业数字化转型，是发展新质生产力的必然要求，有望提高我国制造企业数字化转型的绩效，切实做到"把高质量发展贯穿到新型工业化全过程"。

（二） 工业中小企业仍然面临"选云用云"的难题

虽然"上云用云"是全球制造业趋势，政府大力倡导，企业积极践行，但实践中仍然存在"用云悖论"⊖，许多企业在用云以后并没有带来明显的绩效提升，甚至对云服务产生抵触心理。中小企业"不敢上云""不懂选云""上云不用"的问题仍旧突出。

⊖ 用云悖论，指虽然云服务能为企业带来更高效率、更大盈利和更好客户体验，但其好处尚未大规模实现，甚至会给一些企业带来负面的影响。

基于实践观察，我们认为制约中小企业"上云用云"的因素有很多，根本原因在于目前的云服务难以满足中小企业的真实需求。现在各类云平台众多，非工业云与工业云的平台、工业基础云与工业行业专业云的平台相混淆，有关云平台的虚假广告信息泛滥，但真正能专业地系统解决问题的工业云平台并不多。市面上许多"云服务"仍有如下较大缺陷：

一是"业务数据闭环"没有实现。许多服务商还是按照"信息化"的老路子，仅仅把线下的东西搬到线上，或者只把原来的软件迁移到云端，并没有实现企业业务数据的闭环，所以依然存在"数据孤岛、业务孤岛、管理孤岛"，导致企业在生产、经营、管理中的堵点多、操作难、效率低问题没有得到解决，甚至越发严重，企业可能还要增加更多的管理成本。

二是"业务数据价值"没有发挥。中小企业应用数据的能力比较薄弱和欠缺，管理决策也比较粗放，很多时候都是靠管理者的主观经验，因此需要相关的数据管理及辅助决策。现在很多平台只做到了数据的采集和汇聚，大数据分析及优化、智能模型决策、企业运行数字孪生仿真等工具应用缺乏高水平管理和高质量数据支撑，所以企业上云以后提质、降本、增效与防损失效果不明显。如果数据没有在平台上得到应用，工业云平台也只能是"数据的阳台"。

三是"服务提供方式"不够省心。工业企业要用云平台，并不像电商企业那样开通一个账号就可以了，使用前往往涉及数据体系建设、网络部署及平台后期的持续运营管理等，过程十分复杂，对技术、资金、人才的要求很高，这些仅靠中小企业自己的力量难以支撑。实践中企业为了得到云服务常常要与多个供给方对接，不仅给企业增添了麻烦，且这种"分包"的老路无法真正实现"业务数据闭环"的要求，给未来云服务的持续运行埋下了巨大的隐患。

总的来说，目前工业云服务最大的问题就是没有切实帮助工业企业实现生产、经营管理的绩效提升。如果云服务不能打动中小企业，就不能实现大规模推广和企业的持续深化应用，平台服务商的发展也会陷入困境。

（三） 系统云服务新模式为"建云用云"提供遵循

在回答"应该为中小企业提供怎样的云服务"这个问题时，不妨站在中小企业角度去考虑，首先回答好"中小企业需要怎样的云服务"这个问题。

根据工业中小企业的"三不"⊖困难，可以描绘出其对云服务需求：①需要云平台服务商提供全面覆盖企业生产、经营、管理的整体数字化转型总包服务；②需要云平台服务总包商提供成本低、复制效率高、绩效好的工厂云总包方案；③需要云平台服务商提供全员易用的"小快轻准"产品开发与平台运维的总包服务。

在这样的需求背景之下，我们基于实践总结提出了"云化系统服务"这一新模式，回答了"工业中小企业需要怎样的云服务"这个问题，并在浙江做了一些实践探索，如 WT 服务的电动工具行业中小企业、ZT 服务的服装行业中小企业、ZCBY 服务的水泥行业中小工厂、MD 服务的医药行业的企业等。

⊖ 不懂：不懂数字技术，不懂工厂数字化转型规划与方案设计，不懂怎么选数字技术总包商，不懂数字化合同的"标的"，不懂工厂数字化转型的配套改革应该怎样进行。不会：不会构建主业务数据体系，不会消除数据孤岛，对工厂数字化转型不会监理、不会验收，对工厂的数据体系不会运作与维护，不会运用工厂大数据推进企业提质、降本、增效。不能：中小企业没有实力在数字化方面进行千万元以上规模的投资。

二、云化系统服务的内涵与特征

（一）云化系统服务的内涵

1. 工业云平台的概念与类别

工业云平台是云平台从消费、服务领域逐渐渗透到工业领域的应用，本质上是通过联网实现工业企业运行物联、业务互联，继而实现企业内外部交互的延伸，其核心是连接。因此，工业云平台是工业企业各要素互联互通并实现要素整合的平台化技术载体[⊖]。云平台的建设和运作，意味着传感器的广泛应用及各类企业生产、运营、管理要素的整合、分析，优化决策[⊖]。

从"机器换人"到现在的"工业互联网平台"，体现了转型发展的趋势。从范围看，是从装备数字化、产线数字化、车间数字化，直至工厂、全企业、供应链的数字化的逐渐扩大；从深度看，是从简单的"人力替代"到"脑力辅助"的演进。

实践中，服务制造业数字化转型的工业云平台，是由多种类型、多层次云平台组成的"平台群"，主要有5种类型（或5个层次）：数字工厂云，细分行业工业云，工业同行业生产型服务云，数字化制造产业链、供应链工业云，工业数字产业集群云，具体见表4-1。

表4-1　工业云平台的种类及特征

种类（层次）	特征
数字工厂云	组织全厂工人的科技与产业创新，为数字工厂提供生产、经营、管理等打通全流程的业务数据服务，形成工厂全要素、全流程业务数据化运营能力的重要载体

⊖ 何强，李义章. 工业 APP 开启数字工业时代 [M]. 北京：机械工业出版社，2019.
⊖ 钱志鸿，王义君. 物联网技术与应用研究 [J]. 电子学报，2012，40（5）：1023-1029.

（续）

种类（层次）	特征
细分行业工业云	组织生态型科技与产业创新，为同一细分工业行业的工厂提供全要素、全流程优化的大数据分析服务，深挖工业细分行业全要素、全流程运营的潜力，提升全行业全要素的生产效率、全流程经营与管理水平，实现工业细分行业全行业的提质量、降成本、防风险、增效益，实现低碳绿色、优质安全运营
工业同行业生产型服务云	组织生态型科技与产业创新，构建同行业全链条的价值链，能为工业细分行业及中小门类制造数字工厂提供产品设计（如木业中的"全屋定制"）、产品嵌入式组件及软件、产品系统软件、产品检验检测、数字工匠与数字化经营管理知识技能培训等全行业全链条的生产型在线服务
数字化制造产业链、供应链工业云	组织生态型科技与产业创新，组建并运营工业制造中、小类的数字化产业链、供应链，组织发动各参与主体开展科技攻关与协同创新，补短板、锻长板、造新板，发展产业链供应链全链条的新质生产力，增强产业链供应链韧性，同时开发并运营订单共享、产能共享、技工共享等新业务、新模式、新业态
工业数字产业集群云	组织生态型科技与产业创新，组建并运营工业中、小门类的制造产业集群，建设制造产业集群共同体，发展全产业集群的新质生产力，为中、小及细分类制造产业集群高质量发展提供服务

从工业云平台整体的发展逻辑来看，工业云服务要根植于数字工厂，从为同一细分行业数字工厂服务作为切入口；要成长于工业中、小及细分类产品与装备制造门类，以大力发开发同一制造门类的全链条生产性服务为主攻方向，与同一工业中、小及细分类产品与装备制造的产业链、供应链、产业集群相捆绑，抱团发展。

数字工厂云服务应该是当下云服务的重点。因为数字工厂是整个产业数字化体系的细胞和基础，云平台如果没有完成对企业内部数字工厂生产、经营与管理的数字化赋能，就不可能真正赋能供应链、产业链、产业集群的升级。就像没有智能手机，消费及服务云平台就不可能形成并蓬勃发展。我国中小企业大多仍处在数字工厂的打造、改造阶段，所以当务之急是用云服务为企业提供贯通生产、经营、管理的数据体系闭环建设与日常全流程运营的服务。由此，本书重点讨论第一种类型及层次的数字工厂云平台。

2. 云化系统服务的内涵

云化系统服务指数字化转型服务商基于工业云平台为工业企业提供贯通生产、经营、管理的数据体系闭环建设与日常全流程运营的服务，其中包括利用工业大数据分析优化决策等帮助实现企业提质量、降成本、防风险、增效益的服务内容。

与其他的云服务模式相比，云化系统服务模式有 4 个特点，见表 4-2。

表 4-2　云化系统服务模式的特点

特征分类	云化系统服务		其他云服务	
	主要特点	描述	主要特点	描述
建设特征	以企业需求出发建设	平台产品及服务的开发是以企业的需求为主导，是"让平台适应企业"	以平台自身出发建设	平台产品及服务的开发以平台企业为主导，是"让企业适应平台"
技术特征	构建统一的数据体系	一次建成数据体系，形成业务数据闭环 数据骨架稳定，迭代升级方便、高效、低成本	未构建统一的数据体系	数字化运作时候断点、堵点多 迭代升级时"零敲碎打"，效率低、成本高
服务特征	总包服务	企业对接一个云服务商	分包服务	企业需对接多个服务商

（续）

特征分类	云化系统服务		其他云服务	
	主要特点	描述	主要特点	描述
产品特征	标的物：数字工厂及生产运营管理、培训、咨询等服务	不仅提供工具，更提供持续的大数据服务及相关培训与咨询服务，帮助企业解决问题、产生效益	标的物：工业软件	只交付软件工具，没有相关管理服务，难以产生效益

（二）云化系统服务的特征

1. 技术特征：工厂业务数据的闭环

数字工厂的建设应实现业务数据的闭环，强调基于企业的业务逻辑，构建贯通生产、经营、管理的数据体系，并持续运作。

数字工厂云服务在技术上要支持上述闭环的实现，首先需要形成贯穿企业生产、经营、管理的主业务数据体系，再遵循以订单业务数字化全过程闭环运营的业务逻辑，构建工厂数字化的生产、经营、管理运营全流程用云服务体系。工厂贯通生产经营管理全程、全面的数据体系及动态循环运作的示意图如图4-1所示。其中，实线与实箭头构成工数据体系及动态循环运作路径。在工厂主业务数据体系建设中，工业数字工程总包商同时完成了工厂云的建设。工厂每个员工、每天使用的数据集、数据图、数据表（"小快轻准"产品），都是不尽相同的。

数据体系是企业虚拟化运行的骨架，骨架完整稳定，可以持续支撑企业业务的拓展。因此，虽然我们要求这个数据体系一次性建成，但并不是一成不变的。基于平台技术、微服务架构的强扩展性能，未

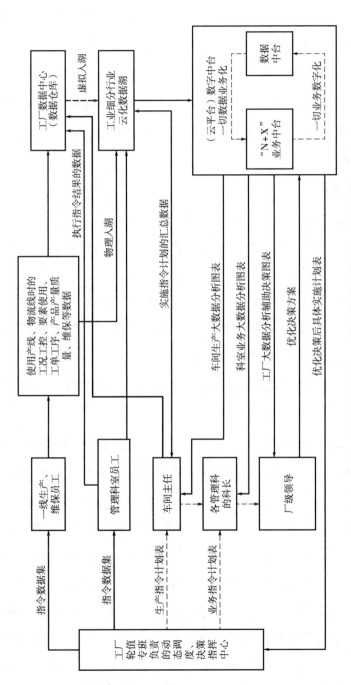

图4-1 工厂要通生产经营管理全程、全面的数据体系及动态循环运作的示意图

注：①深色线与深色箭头构成工厂数据体系及动态循环运作路径
　　②在完成工厂的主营业务数据体系建设中，工业数字工程总包商同时完成了工厂云的建设
　　③工厂每个员工、每天使用的数据集、数据图、数据表（"小快轻准"产品），都是不尽相同的

来的功能升级不需要完全"推倒重来",平台服务可以根据企业的具体需求与数字技术的深度应用不断迭代。还需要强调的是,企业使用云服务并不是要求企业把所有业务模块及数据都上云,而是可根据自己的需求及能力评估在本地部署机房,保留自己认为关键的、不想上云的模块与数据,由平台服务商为企业实现云边的协同。

2. 供给特征:数字工厂云服务总包

上述业务数据闭环的技术要求,需要匹配的服务供给模式予以保证。我们认为,数字工厂云服务总包模式是优选。

数字工厂云服务总包,指工业中小企业把工厂主业务数据体系的集成建设、工厂数据的统一治理与存储及复用管理、工厂员工"千人千面"使用 App 等大数据集的定制开发、工厂生产经营管理等"一切业务数字化,一切数据业务化"的应用与提质量、降成本、防风险、增效益、促转型的大数据服务,都由一家工业行业云平台企业牵头全面负责,并依照法律法规与合同约定提供大数据服务总包的商业模式⊖。

数字工厂云服务的总包是数字工厂总包模式的继承和发展。在数字工厂建设中,由于涉及工业自动化工程公司、工业软件公司、管理软件公司、工业装备安装工程公司等众多供应商,为保障工程建设的质量和进度及后续维护,所以做出了一家企业牵头总包的制度性安排。现在要开展工业云服务建设,不仅同样涉及众多的供应商,很多建设内容还需要与数字工厂的建设相衔接。采用一家企业牵头云服务建设总包的制度性安排,由云服务总包商与工业数字工程总包商联系和协调,再由总包商与各自的供应商衔接,交换所需资料,协同推进

⊖ 毛光烈. 对数字工厂用云服务总包模式的理解与思考 [EB/OL]. (2023-12-15) [2024-04-28]. https://mp.weixin.qq.com/s/np64bAHH6jhQFVA1sYwv6w.

相关建设，这样不仅能提高工作效率，而且能保证两方面建设各自完整和有机统一。

3. 产品特征：持续的大数据应用服务

中小企业想要的云平台不是一个简单的工具，它们期待平台能持续提供大数据应用服务，帮助其提质降本增效防损失。云化系统服务模式就是要满足中小企业的这个需求。

在云化系统服务模式下，企业基于云平台获得的产品（服务）不是简单的工业软件，而是打造（改造）的数字工厂及配套的持续的生产运营管理服务。

生产运营管理服务的核心在于大数据的应用服务。大数据的应用服务不仅是现阶段"无纸化"带来的工厂运作效率提升，更体现在大数据的辅助决策。辅助决策既包括企业运行过程中每个小节点的决策，如是否接单、如何排产、是否采购等，还包括管理层面的战略性决策辅助，如扩大或缩减生产、购置新的设备、拓展新的市场等。例如，KQ 信息技术有限公司会定期为工业企业提供相关的数据报告，让企业了解自己的运行情况及整个产业的运行概况，并提供一些咨询建议辅助企业开展战略决策。这一功能受到了企业的普遍欢迎，在很大程度上增强了客户黏性。

三、实施云化系统服务新模式的方法

（一）总包商践行系统云服务新模式的 6 项任务

云化系统服务总包商为工业企业提供服务，需要完成以下 6 项具体任务。

任务一：根据工厂员工的岗位职责，开发其履行责任所需的数据集、数据单、数据图、数据表、数据码等"小快轻准"的产品（工业 App）。这些"小快轻准"的产品，操作不能太复杂，针对岗位的需要，直观地告诉工作人员现在要"做什么""怎么做""已完成的情况"。不同工岗 App 功能举例见表4-3。"小快轻准"产品的开发非常重要，是客户对平台是否好用的第一个直观感受。

表4-3　不同工岗 App 功能举例

App 的主要功能	使用对象	内容、特征及目标
一线员工执行操作的指令及指令执行反馈的数据服务	一线员工 科室员工	员工操作任务提示：做什么、怎么做
		员工高效执行服务：执行反馈
		提高生产经营的运作效率从而提质降本
每个科室、车间根据职责，计划调度、履行风险防范的数据服务	科长 车间主任	科室车间层面的实时指挥调度辅助服务
		实时风险预警
		提高生产调度的效率、预防风险
针对工厂生产管理中出现的问题，工厂整体协同处理的云辅助服务	中高层管理者 全厂协同 指挥专班	全工厂动态调度指挥辅助服务
		开展有效的风险防控
可视化大数据分析图表服务	中高层管理者	中高层决策辅助
		宏观的生产运营决策参考服务
		管理咨询服务

任务二：工业数字工程总包商与数字工厂云服务总包商联合，或数字工厂云服务总包商自带工业数字工程总包团队，编制统一数据标准与操作规范，提供数据底座，构建"一切数据业务化、一切业务数字化"的主业务数据体系。一次性建成主业务数据体系，是云化系统服务的推进的技术基础。

任务三：遵循以订单业务数字化全过程闭环运营的业务逻辑，构建"接单决策—产品设计—采购管理（仓储管理）—生产管理—质量

管理—订单交付—财务管理—风控管理—人事管理—智能维保"的
"人财物、产供销、水电气、进销存"的工厂数字化的生产、经营、
管理运营全流程用云服务体系。打个形象的比喻,"工厂数字化的生
产、经营、管理运营全流程用云服务体系"是由每个车间、每个科室
为单位既负责跑好自己的"接力棒"又要互相合作支持全厂跑赢全程
"接力赛"的竞赛。这样的"接力赛"全程,就是"业务数据驱动工
厂生产、经营、管理数字化运营的全流程",它是一个连续的、不可
中断的、完善高效交接的完整的流程。

任务四:优化数据分析决策,为各个岗位尤其是工厂中层、高层
提供履行岗位的数据图、数据表等分析可视化的辅助决策服务,助推
工厂实现"提质量、降成本、防风险、增绿色、扩利润"等目标。

任务五:指导工业中小企业调整优化管理职能,改革内部管理制
度,重塑治理体系与体制,为工厂数字化运营提供体制保障。在转型
过程中,会遇到高层无法形成共识、业务部门积极性不高、个别部门
利益转向不一致等问题,在业务梳理过程中,还会发现有些科层的体
制流程已经不适合数字化的运营。这时候,总包商就应当为企业提供
相关的优化咨询服务。

任务六:为工业中小企业全员提供应知应会的系统培训服务。数
字化转型初期一定会遇上企业员工的使用"尴尬期"和"磨合期",
所以培训服务必不可少,培训也往往会作为重要内容纳入服务合同。
在我们开展的调研中,有些服务商在初代产品开发时会直接下工厂,
在产线上"一对一"教一线员工使用系统。在这个过程中,服务商也
能直接了解自己的产品在使用过程中的缺陷,从而进行升级。

从工厂数字化转型的角度分析,上述第一、二项是工厂数字化建
设的任务,第三、四、五项是工厂需完成生产、运营、管理方式的转
型的任务,第六项则是工厂实现数字化转型的基本技能所需。

（二）系统云服务新模式的具体做法与实践要点

1. 闭环业务数据体系建设与运营的具体做法

一次建成工厂主业务数据体系是系统用云服务模式的关键一步，如果不能一次建成工厂主业务数据体系，业务大数据的作用与价值迟迟不能发挥作用，将导致工业中小企业对数字化转型产生抗拒心理，对此要十分警惕。工厂数据体系建设有以下三个关键步骤。

（1）完成业务数据体系的闭环建设。完成工厂主业务数据体系闭环建设，是提高工厂生产、经营、管理整体绩效的基础。因此，要认真梳理从"订单接单决策到订单交付"的全流程与人财物、产供销、水电气、进销存的每个环节，编制无缝链接的业务数据体系闭环建设方案并抓好实施，确保以订单为中心的全要素数据、生产全过程数据、经营管理全流程数据按照统一标准、统一操作规程应采尽采，确保全流程业务数据的客观真实与系统完整，确保由此构成的工厂业务数据集能用、可用与好用。

因企业规模、行业性质等不同，业务数据体系闭环的组成环节各异。工厂业务数据体系闭环建设的规划与设计就是围绕从"接订单"到"订单交付"生产全过程与经营管理的全流程进行的，因此，可以从"订单流"切入去讨论闭环的构成要素。

基于对实践的观察，本书以离散行业为例，构建如下业务闭环：接单决策—产品设计—采购管理（仓储管理）—生产管理—质量管理—订单交付—财务管理—风控管理—人事管理—智能维保。基于这一业务闭环，可以构建人财物、产供销、水电气、进销存的工厂数字化的生产、经营、管理运营全流程用云服务体系。

比如，永康某数字化转型服务商在开始服务细分行业的中小企业时，就是先开展企业的业务标准和规范性梳理和建模工作，构建了从销售订单、计划、采购、库存、生产、质量到应收和应付全流程的管理框架，以实现全程业务管理的闭环。这种销售采购一体化、生产制造过程可视化和质量追溯数字化等全场景覆盖，能为电动工具产业提供全面支持。

需要指出的是，一次性建成闭环的工厂业务数据体系，指的是大的业务闭环，而不是小的功能点闭环。例如，某平台企业在服务螺杆行业企业数字化转型时，根据行业特点和需求构建了"进、产、销、财"的业务闭环，却仍有企业反映有些功能点是不要使用的。接到客户反馈后，该平台型企业就通过优化业务闭环内具体功能点以满足企业的需求，这个过程中整体业务数据体系的"骨架"是基本稳定的。

（2）统一规范数据采集、存储与应用标准。工厂的各项业务数据集要实现垂直跨层级、横向跨产线跨车间、横向跨工厂业务科室使用，统一数据标准、格式与统一规范业务数据的采集、存储、使用、管理是必须满足的前提条件。只有满足上述条件，才能破除要素配置、生产工序、经营过程、管理流程中存在的各类业务数据孤岛，才能实现工厂生产、经营、管理等业务的网上办，在线协同办、在线看、在线管、在线奖、在线罚，才能实现可视化的公开公平公正管理，才能提高管理的效率与绩效。因此，要以订单在工厂的全流程业务数据的闭环为基础，抓好工厂生产、经营、管理数据的统一标准，统一规范采集、存储、使用、管理等工作。

具体工作要求是"三个统一"。一是统一工厂业务数据集"组件"的格式标准与开发规范。也就是说，工厂业务数据集的"组件"有标准，"拖、拉、拽"必须"合业务逻辑""有规范"，才能实现跨产线跨车间跨科室通用。这里讲的"组件"，主要是指工厂业务数据集的"单""表""坐标图""业务数字孪生图""零配（部）件元宇宙图"等是"空白"的表、图、单、码，"拖、拉、拽"是指"合业务逻辑的、规范有序的、满足工厂使用对象要求的"业务数据集的编码方法。二是统一数据的规范采集。目的是防止在指令执行结果报告时不按规定要求操作或乱填乱报数据的行为，避免影响业务数据的客观真实性、全面性及系统性问题的产生。三是统一工厂业务数据集在数据库（湖）里的存储与管理，目的是像工厂智能仓储那样调用准确、方便与有效。

比如，某水泥行业云平台服务商非常重视云平台建设运营时的数据治理工作，把数据的标准化建设作为平台重点。通过统一数据底座、统一标准标签、统一计算周期、统一计算公式，形成"N 个异构源+1 个行业工业互联网平台+N 个应用源"，数据同源多用、高效一体化，满足各类业务系统所需的数据应用。2024 年，该平台全面接入了某集团型水泥企业旗下 31 家熟料企业和 47 家水泥粉磨企业，采集了 109 张实时监控画面、50 张 BI 图表和 906 张管理报表，报表数据90%以上实现自动实时采集、自动汇总计算，提供大区总览、实时监控、对标分析和熟料强度管理、运维管理等业务功能，同时涵盖各成员企业生产报表、环保报表、能耗报表、库存报表等。搭建的数智管控平台移动端应用能够统一数据接口访问、统一身份权限认证，实现工作台指标总览、窑运行情况、实时监控、趋势查看、窑磨设备开停机实时预警、消息自动推送。数据同源多用、高效一体化，满足了各类业务系统所需的数据应用，推动了集团智能化转型升级。正是因为有统一的数据标准，才使得该平台可以形成由上而下的集团、区域、工厂三级纵向穿透。

（3）建立多订单动态循环运作体系。在单个"代表性订单"全过程主业务数据体系闭环建设并运营的基础上，分步构建工厂多订单动态循环模式，提高工厂的整体运营绩效。

第一步是构建单个"代表性订单"的全流程闭环运营体系与体

制。首先要抓好单个"代表性订单"从动态接单到动态生产调度再到订单交付的有序闭环管理与高效协同管理，以提高工厂整体的运营绩效。要认真梳理每个订单接单决策、产品设计、采购管理、仓储管理、生产管理、质量管理、订单交付及运维管理、工薪管理、财务管理、风控管理、产线及设备运维全流程，构建单个"代表性订单"的"业务数据集+岗位责任制"双轮驱动的运营管理体系与体制，让订单的生产、经营、管理成为无缝交接的"接力赛"，跑赢工厂数字化运营的全流程，跑出齐套生产、协同经营、跨层级跨部门一体化管理的全厂整体绩效。

第二步是以单个"代表性订单"数据业务体系的闭环运营与管理为基础，构建多个订单从动态接单再到动态交单（付）的有序循环运营管理、高效运营管理的体系与体制，实现工厂的整体协同运营与管理的高效率与高效益。

2. 匹配的管理制度建立与机制变革的具体做法

工业企业的数字化转型，其主题词是由"数字化"和"转型"两个词构成的。"数字化"指的是要系统建设好、运营好工厂数字化生产、经营、管理等主业务数据体系，为提质降本增效打好基础。"转型"指的是要根据规范工厂数字化生产、经营、管理有序运作的新要求，切实完成工厂管理的新制度与新机制的变革。只有做好管理制度与机制变革，才能真正发挥云化系统服务的效能。这项工作需要注意以下 3 项内容：

一是要建立完善工厂数字化业务运作规范，制定严格的工厂全员指令执行结果的数字化上报制度。这是工厂业务数据真实、全面、系统采集与可信可用的保障。如果生产一线员工可随意关闭或停用制造产线的数据采集系统、不按数字化工单作业要求全面真实地填报工序加工数据，质检管理等科室员工不依照质检操作规范上报质检结果数据，那么订单的纵向垂直跨层级、横向跨产线跨车间、横向跨科室的数字化协同管理就难以实现，还会造成"产品质量的全生命周期可追溯"等应用无法实现的后果。

二是要建立健全车间主任、管理科长与工厂高管的数字化管理责任制度。工业平台企业如果要为每位工厂中层管理人员与高层管理人员提供量身定制的"提质量、降成本、防风险、增效益"等优化业务大数据分析，发挥业务大数据建议图表应有的作用，就必须严格各中高层管理人员必读必用业务大数据优化决策的建议图表的岗位责任制度。这既是防止中高层管理人员不作为的制度保障，又是实现工厂主业务数据体系"岗位责任制度驱动""业务接力棒式"正常有效运作的体制保障。

三是要建立健全工厂的数字化治理体系与体制。如果工厂不认真严格抓制度的执行，让制度长出"牙齿"，那出台再多的制度文件也将变成一纸空文；如果工厂的制度执行遇到"有后台、有背景的人"就可以不执行或变通执行，那再严密的制度也会在执行中变样走形、缺乏公正性，最终导致管理制度体系的全面崩溃。因此，凡是颁布了的制度就必须公平、公正、公开地执行落地，绝不能因为"七大姑八大姨"就迁就、就放弃。

3. 提升工厂大数据应用效果的要点

高质量的数据使用是提高云化系统服务绩效的关键。从使用主体细分深化使用角度看，要提升工厂大数据应用效果有以下3个要点：

一是对于一线生产工人来说，合格的"工艺加工作业指导数据集"应当形象直观，满足规范指导目标。该数据集由××规格零件、零件的结构与功能的动态视频、工艺加工作业规范指导书等组成，需对加工工艺与步骤规范指导到位，保证不出差错、高质量、高效率、低成本地完成零件加工任务并实现满意的绩效。

二是对于工厂科室人员来说，计划和预警是重要的数据信息。如采购科使用的采购业务数据集，一般由采购物料名称及规格，采购物料的视频图，采购物料的数量、价格、交货时间、交货地址等组成，该数据集可防范传统采购中存在的错误采购、过量采购、采购不足这三类常见过错。如果是错误采购，不仅会导致库存积压、采购经费浪费、增加重新采购成本，还可能产生影响生产进度与订单交付等后果；如果是过量采购，将导致库存增加、采购成本增加、影响采购科室绩效考核及奖金报酬等后果；如果是采购不足，将导致影响生产进度与订单交付、增加应急采购成本、影响全厂对采购科室评价等后果。因此，使用合格与优质的采购业务数据集有利于提高准确采购的效率、降低仓储库存、提升采购资金的使用效率、防范影响生产进度所产生的应急成本或订单逾期交付的违规赔付成本，提高整体绩效。

三是对于工厂的中高层管理人员来说，宏观的报表分析、规划和风险预警是重要数据信息。因此，要为车间主任、各科室直至厂级领导量身定制优化管理、防范风险、提高绩效的业务数据分析、优化经营管理决策的优质业务数据图或数据表，以切实做好每个订单产品的协同采购、齐套生产协同、业务财务一体化等工作，以实现提质量、降成本、防风险、增效益的目标，真正为优化决策赋能。比如把"每个订单的生产进度计划"与"每个订单的生产实际进度"统一编制在一张工厂业务数据表或一个业务数据图中，再用绿色、黄色、红色分别表示正常、预警、已滞后，就可以为生产科长及分管生产的副厂长防止订单逾期交付赢得应急处理的时间。如果平台企业为中高层管理人员量身定制研发上述综合业务数据预警图或综合业务数据预警表，就可以为工厂的所有业务提供防范各种风险的预警服务，确保工厂生产、经营、管理的安全与效益。再如，通过编制优化生产齐套协同管理的业务数据建议图表，优化采购与生产协同的业务数据图表、优化计件计绩与报酬激励关系的业务数据建议图表、优化要素使用与工艺及质量的业务数据建议图表、优化产销关系的业务数据建议图表、优化业务与财务关系的业务数据建议图表等，可以提升工厂的精益管理水平，挖掘减少浪费、提升效益的潜力，实现提质量、降成本、防风险、增效益目标。

（三）推广云化系统服务新模式的方法与要点

推广云化系统服务新模式有 4 个抓手，即市场竞争、做样仿样、供给侧改革、规范合同。

一是在市场竞争中加快推广。行政评比不能解决问题，市场并不相信行政人员的偏好，市场竞争的游戏是优胜劣汰。云化系统服务新模式只有在市场竞争中显示出优势，才能加快推广。要在中小企业数字工厂云模式的比较与市场竞争中去展示数字工厂云服务总包模式的优势与品质，才能加快工该模式的推广。

二是在做样仿样中加快推广。只有先切实、全面展示云化系统服务总包样本的显著优势、绩效、品质与体验，再通过做样仿样的方式，才能高质量、高效率地推广该模式。

三是在供给侧改革中加快推广。关键要推动平台企业生态系统服务供给模式的形成。从实际情况看，要把握 3 点：第一，要明确目的。平台企业的生态系统服务的供给模式，就是数字工厂用云服务的总包模式，是要从根本上破解工厂用云服务要找多家平台企业、多头进行服务，导致难以完成工厂主业务数据体系的建设与运营、中小企业数字化转型绩效无法整体提升的难题。第二，要建立完善工业平台企业的内部组织体系。要完善工业大数据的研发组织、平台运营组织、平台的客户服务组织。从提高工厂业务数据集研发效率、提高工厂业务数据集研发质量与使用绩效看，工业平台企业设立工厂业务数据集专业研发组织很有必要，这不仅有利于提高工厂业务数据集的研发效率，更有利于解决工厂业务数据集研发质量普遍过低的问题。当然，对专业的研发组织还要健全工厂业务数据集的研发责任制度、激励与约束制度、违规处罚制度。第三，要强化高质量服务意识，提高工厂业务数据集的研发质量。比如工厂业务数据集的研发团队必须转变作风，深入工厂企业一线，向工业企业虚心请教工艺、工序、工况等关键业务知识及经营技巧、管理知识，要不厌其烦地对工厂业务数据集进行推敲、修改、个别试用，直至让使用的员工感受到好用、体验到有价值。

四是通过"数字工厂系统云服务示范合同"与第三方的全程监理总包服务加快推广。采用数字工厂系统云服务标准合同的目的，是解除工业中小企业对合规事项的各种疑虑与担心；采用工业企业委托第三方全程监理服务总包商把关的目的，是不折不扣地执行标准合同，包括保证显性工程与隐性服务的质量。只有采用这种"双保险"的办法，才能加快工厂用云服务总包模式的顺利推广。

第五章

标准合同新模式

标准合同新模式是企业数字化工程有效实施的根本保障。标准合同新模式，以法律为依据，以实际应用为导向，秉持公平、快捷、有效的原则，通过规范的合同"主体文本+附件（'N+X'清单）"的标准合同，有效破解目前普遍存在的企业与工程服务商签订合同难的问题。

本章以"中小型企业数字化改造工程总包合同""数字工厂云服务总包合同"为例，解读标准合同新模式的内涵、作用与实施方法等，让工程双方了解"系统解决方案"中标准合同新模式的应用之道，使双方在合同的订立、执行、维权等过程中有法可依、照本可签、有样可学。

一、推行中小企业数字化改造工程标准合同新模式的必要性

（一）数字经济是法治经济，数字化工程需依法依规开展

习近平总书记指出："要完善数字经济治理体系。健全法律法规和政策制度，完善体制机制，提高我国数字经济治理体系和治理能力现代化水平。"进入数字经济时代，以数字科技为代表的新质生产力已经深度渗透到工业经济领域，丰富多样的数字生态系统正在改变我国的经济结构和社会结构。生产力发展与经济基础的变革，势必需要构建与此相适应的上层建筑，需要建立顺应数字经济发展的一系列法律规范加以保证。近年来我国积极推进有关数字经济方面的立法，构建了《民法典》《电子商务法》《电子签名法》《网络安全法》《数据安全法》《个人信息保护法》"一典五法"的基本框架体系，对数据电文、电子合同、数据安全、网络侵权责任、个人信息保护等均做出原则性规范，为数字经济相关的法律行为和法律关系提供了基本依循。

数字化工程是一个全新的工程服务体系，它以服务承包合同为载体，构建当事双方可信赖的经济关系，确保双方权利和义务的执行，可以有效防止并依此妥善处理各方因偶然情况而发生的争端。数字化转型是一场前所未有的变革，数字化工程市场亦是国家尚未明确通用建设标准的全新领域，国家层面尚未出台数字化工程合同的示范文本，因此，如何以规范的数字化工程合同为抓手建立依法规范且运转高效的市场关系是当前的一项重大课题。

（二）　中小企业数字化改造工程存在"合同签订难""履约维权难"等痛点

随着进行数字化转型的企业越来越多，工程合同的应用问题也日益增多。调研发现，数字化改造企业与工程承包商的合同普遍存在以下问题：项目制合同内容相对简单，执行和维权难以保障；合同内容具有个性化、定制化特点，谈判周期长，成本高昂；合同双方信息不对称；合同文本不规范，合同内容不明晰，合同条款不合理，隐藏风险不明确。数字化改造企业由于信息不对称，对数字化改造项目的专业技术状况缺乏足够的了解，容易因某些工程承包商的逐利行为被误导带偏，造成半拉子工程、伤心工程。工程服务商由于合同标的不够明确、质量与验收标准不够清晰等，容易造成亏本工程、"烂尾"工程。工程双方都很难形成放心工程、满意工程、精品工程。因此，"合同签订难"与"履约维权难"成为数字化改造企业与工程服务商共同面临的问题。

引起中小企业数字化改造工程合同"两难"的主要原因如下。

1. 新领域无人拓荒

企业数字化转型工程是全新的数字化项目，国家尚未出台完整通用的规范，行业缺乏相关的实践指导，实际应用中更缺乏可以参照的标准，造成企业和工程服务商无据可依，无样可学，饱受困扰。

2. 企业自身认知与资源有限

中小企业对数字化改造缺乏认识、技术陌生、人才不足，对法律知识与合同规范缺少全面了解，对如何维护自身的合法权益不够擅长。而数字化改造工程又具有实施周期长、项目复杂、技术难度大、设计容易变更及第三方监督（监理）滞后等特点，且目前的工业数字化工程与行业云服务市场尚未成熟、规范，导致某些企业存在盲目签约的情况，难免"踩坑"，形成"一朝被蛇咬十年怕井绳"的恐惧心理，看不清，吃不准，签约难。

3. 合同自身特殊性

每个数字化改造工程合同的标的物有其自身特性，每个细分行业、每个试点企业具体的合同标的不尽相同，一般需要量身定制；改造工程履行周期较长，不确定性因素较多，合同内容复杂多样，合同管理要求相对严格。因此，制定并推行能统揽共性因素兼顾个性需求的新合同模式是当前的迫切需求。

由此可见，数字化改造工程市场迫切需要有一种公平、快捷、有效且可快速推广使用的新合同模式加以引导。数字化改造工程项目迫切需要一种适用性强、操作性强、公信力强的新合同模式予以规范。

（三） 标准合同新模式有效破解"两难"问题

浙江在中小企业数字化改造实践中，经反复总结提炼出一种标准合同新模式，为中小企业数字化改造工程的顺利实施提供了崭新的思路。该标准合同新模式具有以下特点。

1. 遵循公平，依法履约

通过规范的合同主体文本部分清晰地界定中小企业作为数字化工程改造的发包方，工业数字化改造工程牵头总包商（云平台服务牵头总包商）作为总包方，工业数字化工程咨询、监理、验收与法务机构等作为第三方，构建起明确各方的责任、权利与义务，有机结合、各司其职的法律关系，极大程度上做到了公平公正。

2. 权益明确，签订快捷

标准合同新模式通过主体文本规范合同的标的、造价与工期，明确服务、验收、培训、工程质量免费保障的责任等，为工程监理与验收结算、质量保障与后续使用等问题的处理提供具有法律效力的依据。有了标准的文本和规范的格式，签订合同便有据可依、有样可仿，不用再反复商议，不用担心隐性风险，可以让合同签订流程简单快捷。

3. 风险可控，实施有效

标准合同新模式规避了隐性风险，兼顾了普适性和个性化的需求，具有"可见、可学、可用"的特点。通过标准合同新模式，为数字化改造工程高质量高效率的推广复制提供了强有力的支持，使用之后成效明显。

因此，标准合同新模式是破解中小企业数字化改造工程"合同签订难"与"履约维权难"的有效方法。依照国家已有的法律法规和中小企业数字化改造的现有实践经验，积极探索建立规范的合同文本是十分紧迫和必要的。

二、标准合同新模式的内涵与特征

（一）标准合同新模式的内涵

标准合同新模式是以标准合同为核心内容，对合同的签订、执行、验收等全过程各环节提供具体实施示范的方法。标准合同是可供实施数字化工程的甲乙双方（企业和工程服务商）参照使用的样本。采用标准合同新模式可以有效解决目前存在的难题，减少企业对数字化改造工程效果与收益等不确定性的担忧，有利于中小企业数字化改造的实施推广。

（二）标准合同的结构和内容

标准合同由规范的合同主体文本与标准的附件（"N+X"清单）

两大部分构成，如图 5-1 所示。

1. 合同主体文本

合同主体文本是标准合同的重
要组成部分，是基于《民法典》合
同编的要求，基于公平合理的原则
对双方的权利、义务进行梳理后，

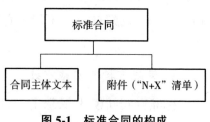

图 5-1　标准合同的构成

结合数字化工程实施的经验，经过逐步提炼完善，最终形成的格式化
文本。

《民法典》合同编中规定，合同的内容由当事人约定，一般包括
下列条款：①当事人的姓名或者名称和住所；②标的；③数量；④质
量；⑤价款或者报酬；⑥履行期限、地点和方式；⑦违约责任；⑧解
决争议的方法。

根据民法典的上述规定，标准合同新模式突出强调了规范的合同
文本要做到"9 个明晰"，即：①合同标的明晰，解决共性问题及个
性问题对应的应用场景（"N+X"场景）明晰；②工程价款预算清
晰，明确编制的标准、依据和方法；③工程工期明晰；④工程验收方
式与验收标准明晰；⑤工程各方权责利关系明晰；⑥工程投资、工程
效果基本明晰；⑦对工程违约行为的判定与处理明晰；⑧工程款结算
方式明晰；⑨工程质量保障维护期承诺明晰。

通过明晰以上 9 个方面的内容，减少企业对数字化工程效果与收
益不确定的担忧。

以"中小型企业数字化改造工程总承包合同"为例，基于以上要
求，"规范的合同文本"包括以下内容：①合同名称；②甲乙方名称、
地址，经办人联系电话；③甲乙双方一般的权利和义务；④标的（工
程内容、工期及效果）；⑤数量、质量要求；⑥价款或酬金（工程计
价方法、工程款支付方式）；⑦竣工验收与结算；⑧违约责任（甲乙

方权利、义务）；⑨保密条款；⑩生效、失效条件；⑪履约方式、地点、费用的承担；⑫解决争议的方法；⑬合同的份数及附件；⑭合同签订日期、公章；⑮其他（运维内容、培训内容、硬件配置内容等）。

通过上述条款，明确合同标的、工程造价与工期的清单等内容，可以让企业充分了解数字工厂建设的项目构成，包括显性工程项目与隐性工程项目的内容、数量、功能作用及其对应的工程造价，让工业企业心中有数，可以"点菜式"地决策，便于协调安排工程施工与企业日常生产的协同计划，做到数字化工程建设与日常生产经营两不误。明确合同的付款方式，是为了保障合同能按规定的程序履责，保证工程质量，保障各方的合法权益。明确签订、生效、不可抗力等条款，是避免并防范合同纠纷的必要举措。

2. 附件（"N+X"清单）

附件（"N+X"清单）是对各标的项目以标准化、规范化形式加以界定，它的创新点在于以"N+X"标准清单化的格式对数字化改造工程的具体标的与内容加以明确，一般包含以下内容：①"N"共性应用场景的任务清单、验收报告、技术协议等。②"X"个性应用场景的任务清单、验收报告、技术协议等。③培训服务。④实施服务。⑤维保服务。⑥系统安装完成报告书。⑦软件售后服务（云平台服务可选）。⑧其他相关内容。

（1）"N+X"清单是标准合同的核心内容

"N"指的是可覆盖数字化改造企业生产经营全过程的数字化工程共性需求场景与业务清单，"X"指的是不同企业可以另外加选的智能制造场景与业务。"N+X"项一并明确了合同的标的。"N"和"X"的内容可在制定实施方案的过程中不断完善，并最终在标准合同中以固定格式具体呈现。前期在实施方案中确定的"N+X"相关表格均是标准合同中"N+X"清单内容的来源与依据。在试点完成后的提炼阶段，重点对"N+X"相关清单的内容进行提炼，最终形成普适行业的可以复制推广的标准合同样本。

合同中描述"N+X"内容的清单一般需要包括以下内容：

①行业共性应用场景及功能描述表。在表中列明共性应用场景、功能说明、报价、工期（见本章附录A 中小型企业数字化改造工程总包合同第一条第二款部分）。②行业个性问题应用场景及功能描述表。在表中列明个性应用场景、功能说明、报价、工期，标明选购情况（见本章附录A 中小型企业数字化改造工程总包合同第一条第三款部分）。③数字化改造工程共性应用场景任务清单与数字化改造工程个性应用场景任务清单。对共性及个性应用场景进行细分，列明每个场景对应功能的具体说明（见本章附录A 中小型企业数字化改造工程总包合同的附件1与附件2）。④为实现数据打通需要配置的硬件清单。配套硬件可包括数据采集设备、边缘计算设备、网络及连接设备等承载数字化系统软件使用的设备等。表中需要标明产品名称、技术参数（设备型号）、价格、数量等内容（见本章附录A 中小型企业数字化改造工程总包合同附件1）。⑤其他与改造内容及费用、预期效果和投资回收时间、改造实施时间、双方权利义务等相关的表格。

关于实施方案中"N+X"清单的制定可参见第二章，在此不再重复。

（2）培训是必选项

全面理解"N+X"实际上还应包括两个"1"，即"1+N+X+1"。其中前一个"1"为数据采集与数据打通，数据采集与打通是应用场景和服务模块的基础，没有数据，应用场景和服务模块就是无源之水、无本之木；后一个"1"是数字培训，员工的数字培训既是数字化改造的重要内容，也是数字化改造的重要保障，如果数字化改造之后企业缺乏相关数字化知识和技能的支撑，员工不会用、用不好，就达不到改造应用的目的。因此，必须在样本内容及合同条款中明确对员工开展包教包会的培训，明确工业企业员工应知应会操作培训相关的责任（主要责任方是工业发包企业，次要责任方和主要培训服务提供方是数字工厂工程牵头总包商），让数字工厂建设之后能正常运营，并实现预期的绩效。在合同附件中应对培训服务内容、形式、周期等进行具体约定。

例如，中小型企业数字化改造工程总包合同（参考样本）中的"附件3：数字化改造工程 培训和实施服务"。

（3）应有规范的过程性文件

合同附件中应有规范的数字化工程共性应用场景及个性应用场景技术协议、安装完成报告书、共性应用场景及个性应用场景验收报告等过程性文件（详见本章附件5、6、7、8、9）。

（4）明确维保服务

明确工程承包方自提供数字化工程安装集成完成日（安装完成报告书签署日）起，负责免费维护服务的期限及维护服务的工作内容等。该部分还要明确免费维保期满以后双方在后续维保方面的约定，确保工程项目的后续正常运行使用（详见本章附件4）。

（5）其他问题

载明除上述内容以外需要双方协商解决的问题。

（三）标准合同新模式的特征

在实践应用中，标准合同新模式对工程总包模式做了法治化、规范化的定位，具有以下特点。

1. 形式新

标准合同新模式填补了数字化改造工程没有标准合同的空白。在数字化改造工程中，这种形式属于首创，其探索具有引领性的重要意义。标准合同新模式可有效防范数字工程合同标的与造价欺诈、硬件工程偷工减料、软件及隐性工程弄虚作假以及数字工程牵头总包方逃避责任的行为，让中小企业在签订数字工程承包合同时不再发愁，清晰明了，易学易用，有利于企业决策，有利于复制推广。

2. 格式和内容新

标准合同新模式采用"标准文本+规范附件"的创新架构，由通用条款和个性化专用条款组成。其中，"标准文本"中明确了数字工程牵头总包方必须负责对中小企业员工进行操作能力培训、承担工程质量若干年免费保障等责任，保障中小企业的合法权益；"N+X附件清单"为中小企业提供了透明交易"点菜式"服务的便利，是标准合同新模式创新的核心。合同内容兼顾通用性和灵活性，覆盖《民法典》规定的全部合同要素，内容全面，责权清晰，适用性强。

3. 方法新

标准合同新模式的制定方法新，监督方法新。标准合同新模式经过多方的严格评审。合同由多方共同起草，所有条款经过行业协会、专家单位、法律团队、企业财务、政府相关部门等的共同审核，力求合理合法、公平公正。例如，项目合同中首付款比例经常为50% ~ 60%。J市样本合同中，将首付款比例规定为30%，更容易为企业所接受，降低了资金方面的压力和风险。"工程总承包标准合同"的文本中，建议付款为"首付30%，安装和方案确认后二次付款30%，验收后支付尾款40%"的方式。

在合同的订立、执行和验收过程中引入多方监督机制，共同管理，保障合同双方的权益。例如，J市的样本合同中规定工程的尾款不是直接打给工程服务商，而是在验收合格之后通过第三方监管账户执行，无疑又让企业吃下了一个定心丸。验收由政府、经信等方面组织行业专家进行，更权威、更专业。

4. 使用安心

标准合同新模式具有公平、快捷、有效、风险低的特性。之前的合同多数由承包商提供，他们出于对自身利益的保护，合同条款可能有很多隐藏内容。企业由于信息的不对等，对隐性风险难以察觉，往往会陷于被动。有些承包商认为没有必要履行正规的合同文本，拟定的合同简单潦草，没有切实体现工程的具体情况，也没有完全明确施工方和业主应有的权责。一旦施工中某一环节出现问题，就会直接影响施工的质量、进度和责任归属等，最终带来无法挽回的风险。标准合同新模式采用格式化、固定化的标准文本，经过了多方专家的论证，极大地规避了此类风险的产生，做到了隐性风险显性化解，对合同双方均有保护也有约束，更加公平合理。通过论证的条款，可以直接参考使用，省去了大量商讨推敲的时间，合同商议的过程可由几个月缩短到几天。因为合同内容规范全面，极大地降低了合同风险，减少了合同纠纷。

总体而言，针对原有的工程项目制承包合同签署过程烦琐、成本高昂、流程缓慢、导致业务开展不顺利、合同错误引发法律纠纷等弊端，标准合同新模式做出了有效的改善。

三、实施标准合同新模式的方法

实施标准合同新模式的核心是编制标准合同文本，关键在于"N+X"清单的提炼，重点是各方协同、有序推进。

（一）充分调研、制定方案、确定项目

开展充分的调研，把握企业的确切需求，制定可行的数字化改造方案，明确工程项目内容，是实施标准合同新模式的首要任务。

首先，经信部门要组织参选的各工程服务商，对选定数字化改造行业内的相关企业进行调研，并出具诊断报告及初步的数字化改造方案；组织企业、专家等相关人员对工程服务商提交的报告与方案进行

会审，以供需双方自主选择的形式，初选工程服务商。

其次，初选的工程服务商要根据企业提出需要解决的痛点、堵点，再次进行既全面系统又具体深入的摸底诊断，收集数据资料，了解和掌握企业生产经营的机理、流程、工艺等，与企业共同编制解决方案，并经政府组织有关部门与专家审核完善。方案内容包括改造内容、费用、预期效果、投资回收时间、改造工期、双方权利义务等。

（二） 梳理"N+X"清单、拟定合同文本、协商签约

梳理提炼好"N+X"数改工程清单是标准合同新模式的关键，是工程服务商与企业协商的焦点及合同的重点。其中，"N"项要将同行业存在的共性问题转化为应用场景，如适用企业通用需求的数字车间建设、打通生产与经营管理简化版的数据系统等；在"N"的基础上，将企业增选的"X"项个性化问题也转化为个性化的应用场景，适配其特有的数字化改造需求。后续可通过"N"的迭代、"X"的新增，渐次推进数字企业的全面建设。共性"N"与个性"X"的项目清单要力争做到"应用场景清单与相关任务"对应明晰。特别是对"N+X"附件清单，要结合改造企业和行业特性充分论证。

企业与工程服务商根据标准合同新模式在充分协商的基础上共同拟定合同文本，对工程项目标的、工程价款、工程工期、工程验收标准、工程各方权责利关系、工程违约行为的判定与处理、工程款结算方式、工程质量保障维护期承诺、应知应会的培训等要素一一予以明确。

在试点阶段，合同文本经相关部门及专家的审定形成正式的工程合同文本，双方正式签约。

（三） 组织实施、严格履约、做好验收

企业与工程承包商均是合同实施的责任主体。双方要严格履行合

同约定的权利与义务，做到密切配合，严格按照合同内容组织实施。

企业有责任为承包商的合同实施提供必要的条件。工程服务商要保质保量、争创优质工程。第三方机构可作为监理方全程监督合同的履行情况。

在工程结束后，企业组织相关方进行验收。验收应当依照合同约定，根据施工技术协议、验收规范和质量检验标准等进行。验收团队可由政府经信部门、监理单位、行业协会、智库专家等多方组成，兼顾专业性与公平性。在验收通过后，企业支付工程价款，接收工程。

工程服务商应严格按合同约定内容提供服务，按期开工完工，管理好各类文件、检验记录、材料清单、质检报告等相关的过程文件；对企业人员进行应知应会培训，保障数字化改造后人员技能的匹配；在验收阶段，按合同约定提供相关验收材料，并根据验收情况进行整改。

（四） 总结执行情况、形成普适行业推广的合同样本

试点企业与工程服务商应对工程合同执行情况进行总结评估，与专家、政府部门等共同做好样本合同的总结提炼从而形成可推行的标准合同样本。

一个可以快速复制推广的标准合同，往往是在几家试点企业工程合同的基础上经过提炼总结形成的。这一步是试点企业的工程合同转化为可推广应用的样本合同的关键。做好这个环节，一是要坚持使用规范的文本，二是要总结提炼好适用于多个企业及行业的附件清单的内容。标准文本合同是对中小企业适配性与渐进性要求的满足，标准文本合同附件清单是为了解除中小企业对工程质量与绩效的担心。

提炼阶段应由政府牵头，组织专家、智库、企业、服务商、行业协会等多方力量，共同对试点企业的试点工程合同进行进一步的提炼，梳理适用于细分行业复制推广的"样本合同"。在提炼"N"项

内容的时候需要以打通企业数据为基础的全覆盖，要符合企业和行业的特性。"X"项要有个性化设置的空间。建议不断搜集和整理，建立样本库，并进行补充和优化。

标准合同新模式针对每个细分行业都应该有独立的标准，在普适性的基础上兼顾不同类型、不同行业、不同规模企业的个性化需求，制定公平、规范、有效的合同细则。随着标准合同的发展，根据不同行业分类目录，细分行业产品、工艺、管理、信息化现状等情况，会细分出不同类型的"N+X"附件清单，逐步形成更细分的合同样本。

（五）按样复制、快速推广

复制推广阶段由政府主导，提倡使用标准合同新模式，做到公平公正。

对于数字化改造工程，政府及相关行政管理部门主要从市场管理的角度对施工合同进行宏观管理，扮演引导和监督的角色。一是贯彻制定标准合同文本并组织推行和指导使用；二是对施工合同签订进行审查；三是监督检查合同执行，依法处理存在的问题，查处违法行为，调解施工合同纠纷；四是组织培训合同管理专业人员，组织工作经验交流，指导企业合同管理工作；五是广泛调动企业的积极性，做好样本示范，抓好样本推广工作。

在数字化改造试点地区，可由各地工业和信息化主管部门组织提炼数字化改造合同示范文本，供数字化总包商与应用企业参照使用，并以市场化方式签订合同，全面推广细分行业中小企业数字化改造标准合同新模式。

智库专家是标准合同新模式推行阶段的智力支撑，应帮助监督合同各项内容的履行情况，帮助总结经验，完善标准合同文本内容，帮助提炼可在企业、行业间复制推广的合同样本，做好政府的助手、工程商的推手、企业的帮手。

总之，标准合同新模式每个步骤层层相扣，环环相连，互为因果。在中小企业数字化转型系统解决方案提出的"选试点行业—选试点企业—选总包商（云平台服务商）—实施—验收—批量式推广"整个实施过程中，从需求调研阶段的雏形，到复制推广阶段的成熟文本，合同贯穿始终。要做好标准合同新模式的实施，要对每个步骤认真领会、严格把关，以达到做样仿样不走样的效果。

四、推行标准合同新模式的成效与应用前景

（一）推行标准合同新模式的成效

推行企业数字化改造工程标准合同新模式，为中小企业数字化改造提供了公正、快捷、有效的方法。

一是从法治的角度看，这一模式可为中小企业数字化转型市场保驾护航，能依法规范市场主体行为，有效杜绝数字工厂建设的模糊合同、杜绝数据孤岛的"半拉子"工程，以及在隐性工程中偷工减料的"豆腐渣"工程，使数字工厂样本建设达标。

二是从经济的角度看，这一模式降低了市场原有的风险与供需双方在工程承包协商谈判、合同履行过程中的成本，极大提升了市场交易效率，调动了工程发包方与承包方的积极性，较好地保障了中小企业做样仿样推广法的推行。

三是从实施的效果看，这一模式由于经过了政府部门的审核把关、第三方机构（专家）的评估校验，为数字化改造企业及工程承包实施双方提供了放心、省心的标准样本，有效破解了数字化改造工程合同"签订难""维权难"两大痛点，受到了供需双方的普遍欢迎。

这一模式实施后，再没有发生因为合同问题拖了整个工程后腿的现象，也没有因为合同问题让双方发生严重纠纷而"对簿公堂"。

综上所述，推行标准合同新模式是破解合同难题、惠及供需双方的有效方法。

（二）标准合同新模式推广应用前景

标准合同新模式将中小企业数字化改造工程与云化系统服务的专业技术规范和商务法律规范有机地统一起来，将纷繁复杂的数字化工程具体内容以技术标准清单的形式清晰地规范起来，可以应用在数字化改造工程的多个方面。目前，企业数字化改造工程项目涉及的合同主要分为中小型企业数字化改造工程总承包合同、数字工厂云服务总包合同、监理咨询服务总包合同三类。目前，监理咨询服务总包合同尚处于试点使用总结阶段，实践中使用较为广泛的是中小型企业数字化改造工程总承包合同和数字工厂云服务总包合同。

随着实施牵头总包新模式内涵的进一步扩充，工业数字化改造工程总包、云平台系统服务总包、监理咨询服务总包三大总包商服务模式进一步完善。除了中小型企业数字化改造工程总承包合同和数字工厂云服务总包合同的标准化，还可以按标准合同的要求进一步总结提炼，形成监理咨询服务等相关合同的标准化，为数字化改造工程项目提供新的指引。

同时，在行业间看样学样复制推广之后，细分行业产业链的上下游也会拓展出更多细分行业的标准合同。把试点样本成果上升为指导性文件，可为国家有关部委作为参考合同样本。

标准合同新模式是一个不断发展提升、不断迭代升级的模式，随着工程服务经验的积累，必将取得越来越好的推行效果。

附 录

附录 A　中小型企业数字化改造工程总包合同（参考样本）

中小型企业数字化改造工程总包合同
（参考样本）

甲方（委托方）：

通讯地址：

法定代表人：　　　　　　　　　　联系电话：

项目联系人：　　　　　　　　　　联系电话：

电子邮件：　　　　　　　　　　　微信号：

乙方（数字化改造工程承包商）：

通讯地址：

法定代表人：　　　　　　　　　　联系电话：

项目联系人：　　　　　　　　　　联系电话：

电子邮件：　　　　　　　　　　　微信号：

合同目录

中小型企业数字化改造工程总包合同
（参考样本）

合同编号：

甲方（委托方）：

乙方（数字化改造工程承包商）：

根据《中华人民共和国民法典》，甲乙双方经协商一致，就乙方承包的××（填写企业名称）中小型工厂数字化改造工程（以下简称"数字化改造工程"），达成如下条款，以兹共同信守。

第一条　数字化改造工程内容

1. 数字化改造工程包括：（1）系统模块开发及交付，含共性应用场景（见第一条第2点）和个性应用场景选购内容（见第一条第3点）；（2）设备数字化、网联化改造；（3）工程安装调试；（4）应知应会培训；（5）免费工程售后服务（填写免费的售后服务年限）年。

2. 共性应用场景及其功能描述

共性应用场景	功能	总价/万元	工期/工作日	工期起算日
例：自动拆单与智能排产	工程单导入和查询、零售单录入和查询、工程门一级拆单、零售门一级拆单、拆单基础资料管理	50	2	
自动报工与进度跟踪				
扫码精准包装				

(续)

共性应用场景	功能	总价/万元	工期/工作日	工期起算日
设备互联与智能运维				
物料扫码管理		50	2	
四级报表的智能统计				

说明：按照行业数字化改造实际，有几个共性应用场景就填写几个。

3. 个性应用场景及其功能描述

选购	个性应用场景	功能	价格/万元	工期/工作日	工期起算日
	例：采购管理	采购单管理、采购进度、供应商管理	5	10	
	⋮				
	X				
	Z（定制）	定制部分的功能	依具体需求而定		

说明：1. 甲方根据自身需求选购个性应用场景，要选购的个性应用场景在表格前面打"√"。

2. 按照行业数字化改造实际，有几个个性应用场景，就填写几个个性应用场景，最后几行可以填写企业提出的定制化应用场景。

4. 数改工程任务清单：共性应用场景任务清单详见本合同附件1"数字化改造工程 共性应用场景任务清单"、个性应用场景任务清单详见附件2"数字化改造工程 个性应用场景任务清单"。

5. 培训实施要求详见本合同附件3"数字化改造工程 培训和实施服务"，维护服务要求详见本合同附件4"数字化改造工程 维护服务"。

第二条　交货方式及日期

1. 数字化改造工程的交货地址：_____。

2. 数字化改造工程的安装地址：_____。

3. 交货内容：安装在甲方指定服务器的软件程序一套，安装完成且经初步测试可运行后甲乙双方签订附件5"数字化改造工程 安装完成报告书"。

4. 共性应用场景软件系统交货流程和日期：乙方于收到甲方首次付款后_____个工作日内根据对甲方工厂的调研情况提交标准系统项目计划书（加盖公章），甲方在收到项目计划书后如有异议的，_____个工作日内提交书面意见，如未提出异议，视为双方同意该项目计划书的约定；如甲方提出异议的，则双方应进一步协商调整标准系统项目计划书的内容，如_____个工作日内仍无法达成一致的，则甲方有权单方解除本合同，乙方应在_____个工作日内无条件退还甲方所支付的首期款。在双方均确认项目计划书的内容，且按照项目计划书约定尽到己方责任情况下，本合同实施周期总计为_____个工作日（自乙方收到甲方足额首次付款并且甲方按照项目计划书准备必备资源乙方确认后开始计算实施周期，截至乙方提交共性应用场景验收报告日），其中安装周期为_____个工作日（开始日期计算方式同实施周期，截至乙方提供安装完成报告日）。

5. 个性应用场景软件系统交货流程和日期：乙方于收到甲方第四次付款后_____个工作日内根据对甲方工厂的调研情况提交个性定制项目计划书（加盖公章），甲方在收到项目计划书后如有异议的，_____个工作日内提交书面意见，如未提出异议，视为双方同意该项目计划书的约定；如甲方提出异议的，则双方应进一步协商调整个性定制项目计划书的内容，如_____个工作日内仍无法达成一致的，则甲方有权单方终止对个性应用场景软件系统的采购，乙方应在

_____个工作日内无条件退还甲方针对个性应用场景软件系统已支付的款项。在双方均确认项目计划书的内容，且按照项目计划书约定尽到己方责任情况下，本合同实施周期为_____个工作日（自乙方收到甲方足额第四次付款并且甲乙双方确认项目计划书后开始计算实施周期，截止至乙方提交个性应用场景验收报告日）。

第三条　质量验收标准

1. 技术服务质量要求：应符合国家及行业同类型产品技术服务标准，同时符合甲方的具体项目服务的功能及任务要求，符合协议约定的技术标准，设备安装要严格执行安全操作规程，并服从甲方现场生产要求。

2. 本合同验收标准以附件6"数字化改造工程 共性应用场景验收报告"、附件7"数字化改造工程 个性应用场景验收报告"、附件8"数字化改造工程 共性应用场景技术标准"、附件9"数字化改造工程 个性应用场景技术标准"为准。

第四条　总价款及付款方式

本合同项下一套数字化改造工程的总价款为 RMB _____元（大写：人民币_____圆整），其中共性应用场景软件系统总价款（包括对该系统进行安装调试、针对该系统的使用进行应知应会培训，以及免费工程售后服务的费用）为 RMB _____元（大写：人民币_____圆整），个性应用场景软件系统总价款（包括对该系统进行安装调试、针对该系统的使用进行应知应会培训，以及免费工程售后服务的费用）为 RMB _____元（大写：人民币_____圆整），付款安排如下：

首次付款：甲方在合同生效后_____个工作日内以汇款方式向乙方支付共性应用场景软件系统总价款的_____%，即 RMB _____元（大写：人民币_____圆整）以作为预付款。

二次付款：乙方完成共性应用场景软件系统安装（需经初步测试可运行），甲方签字确认附件 5 "数字化改造工程 安装完成报告书"后_____个工作日内以汇款方式向乙方支付共性应用场景软件系统总价款的_____%，即 RMB_____元（大写：人民币_____圆整）。

三次付款：乙方完成共性应用场景软件系统的实施和使用培训，甲乙双方邀请见证方____（此处的见证方为第三方中立机构）共同按照附件 6 "数字化改造工程 共性应用场景验收报告"进行验收，验收通过后_____个工作日内以汇款方式向乙方支付共性应用场景软件系统总价款的_____%，即 RMB_____元（大写：人民币_____圆整）。

四次付款：不晚于乙方在启动个性应用场景软件系统安装前的_____个工作日，甲方应以汇款方式向乙方支付个性应用场景软件系统总价款的_____%，即 RMB_____元（大写：人民币_____圆整）作为个性应用场景软件系统采购的预付款。

五次付款：乙方完成个性应用场景软件系统培训和实施，甲乙双方邀请见证方____（此处的见证方为第三方中立机构）按照附件 7 "数字化改造工程 个性应用场景验收报告"共同验收，验收通过后_____个工作日内以汇款方式向乙方支付个性应用场景软件系统总价款的_____%，即 RMB_____元（大写：人民币_____圆整）。

甲方在未足额支付三次付款前，共性应用场景软件系统和基础硬件的所有权归乙方所有，但在本合同争议期间，共性应用场景软件系统和基础硬件若安装于甲方的服务器或被甲方根据本合同约定的目的予以使用的，不视为甲方侵犯乙方的知识产权。甲方在未足额支付后二次付款前，个性应用场景软件系统的所有权归乙方所有，但在本合同争议期间，个性应用场景软件系统若安装于甲方的服务器或被甲方根据本合同约定的目的予以使用的，不视为甲方侵犯乙方的知识产权。

第五条　技术标准

数字化改造工程的技术标准详见本合同附件 8 "数字化改造工程 共性应用场景技术标准"、附件 9 "数字化改造工程 个性应用场景技术标准"。

第六条　甲方权利义务

1. 甲方有权按照合同约定按时并保质保量获取数字化改造工程相应的产品及服务。

2. 甲方有义务遵守本合同各项条款的约定，并按本合同约定的期限向乙方支付本合同项下的款项。

3. 为保证合同顺利履行，甲方须及时签收并寄回双方往来的单据（包括但不限于安装完成报告、差异化需求报告、差异化需求验收报告、共性应用场景验收报告、个性应用场景验收报告、发票签收单等），若甲方收到后十个工作日内没有答复，即视为甲方已签收并同意乙方的要求。如甲方确实有其他合理原因不能按时确认，则应在事前以书面形式说明原因。

4. 甲方有义务执行项目计划书约定的对甲方的要求。

5. 甲方有义务配备数字化改造工程必备的资源，包括顺畅的网络、明确的项目负责人和软件项目组成员、数字化改造配套的规章制度等。

第七条　乙方权利义务

1. 乙方有权按时获得本合同所约定的款项。

2. 乙方有义务免费修复乙方软件产品的质量缺陷。

3. 乙方有义务遵守本合同各项条款的约定，并按时并按本合同约定保质保量地向甲方提供数字化改造工程相应的产品及服务。

4. 乙方有义务执行项目计划书的要求。

5. 乙方有义务协助甲方准备数字化改造工程必备的资源。

6. 乙方承诺其拥有相应的资质履行本合同项下的义务，项目不得转包。未经书面通知甲方，乙方不得将本合同项下的部分分包至其他第三方，且若发生分包的，则乙方应确保分包方拥有履行本合同的能力和资质，且仍应就该等第三方的违约行为向甲方承担全部责任。

第八条　知识产权及保密

1. 甲乙双方对于根据本合同而知悉或获得的对方的商业秘密（包括但不限于甲方为了履行本合同向乙方提供的有关甲方运营的所有信息），任何一方不得在未经过对方书面同意的情况下以任何方式向第三方披露或提供给第三方使用或为基于履行本合同之外的目的进行使用。本合同履行完毕后，双方均有权要求另一方返还或销毁其所了解的该方的商业秘密。任何一方违反保密条款的，应向另一方赔偿给另一方造成的直接和间接损失。

2. 除依法律规定或本合同之约定，为解决本合同项下之争议或事先征得对方书面同意，双方同意不向任何第三方提供本合同以及相关附件的所有内容。

3. 乙方保证根据本合同约定所提供的共性应用场景软件系统、个性应用场景软件系统及其他产品或服务不侵犯任何第三方的知识产权，甲方根据本合同第四条的约定支付完毕相应款项后即对该等产品及服务享有完整的唯一的知识产权。因乙方提供的产品或服务导致甲方侵犯任何第三方的知识产权的，则乙方应承担所有责任，赔偿甲方的所有直接间接损失，确保甲方不受损害。甲方确认，不会基于对本合同项下产品及服务的知识产权，而开展与乙方竞争性的业务。

4. 第八条在本合同终止后持续有效。

第九条　违约责任

1. 除预付款，甲方未按照本合同第四条约定支付款项的，逾期30日以上的，每逾期一日，乙方有权要求甲方按照应付款项的千分之三的标准支付违约金。未支付超出20日的，乙方有权终止本合同并自发出终止书面通知之日起生效，并要求甲方以应付款项（为免疑义，预付款不视为应付款项）的一倍作为赔偿支付给乙方。

2. 乙方未按照本合同第二条约定安装共性应用场景软件系统的，逾期30日以上的，每逾期一日，甲方有权要求乙方按照已付款项的千分之三的标准支付违约金。如果未支付超出20日的，甲方有权终止本合同并自发出终止书面通知之日起生效，并要求乙方以已付款项的一倍作为赔偿支付给甲方。

3. 甲方在附件5"数字化改造工程 安装完成报告书"差异化需求部分签收"系统模块完全不符合甲方实际需求"的，甲方有权要求乙方退还已付款项。

4. 甲方在附件5"数字化改造工程 安装完成报告书"差异化需求部分签收"系统模块和基础硬件已全部安装完成，基本符合甲方实际需求，还需要进行部分差异化需求开发，双方另签订差异化需求报告"的，因乙方未按照差异化需求报告进行开发导致验收未通过，甲方给予乙方一次机会整改，乙方以甲方出具的书面整改通知书为依据进行整改，整改后还未验收通过的，甲方有权要求乙方退还已付款项。乙方按照差异化需求报告进行开发，甲方通过差异化报告验收的，乙方不需承担任何违约责任。

5. 任何一方不履行合同义务或者履行合同义务不符合约定的，违约方应当承担继续履行、采取补救措施或者赔偿损失等违约责任。

第十条　不可抗力

1. 由于地震、台风、水灾、战争、法律、政府命令、磁电串入、黑客攻击、计算机病毒等以及其他不能预见、不能避免并不能克服的客观情况，直接导致本合同无法履行或者不能正常履行时，甲乙双方均不承担违约责任。但遇有上述不可抗力事故的一方应立即将事故情况通知另一方，并应在合理期间内尽快提供事故详情及合同不能履行或部分不能履行或需要延期履行的相关理由的有效证明文件。

2. 对由于不可抗力造成的损失，任何一方不得提出赔偿要求，法律另有规定的除外。如不可抗力事件持续时间超过××日，则未受不可抗力影响的一方有权终止本合同。

3. 在不可抗力消失后，除非双方已经达成其他协议，否则受到不可抗力影响的一方应当立即采取措施，继续履行合同。

第十一条 适用法律及争议解决

1. 本合同的订立、效力、履行、解释和争议的解决均适用中华人民共和国的法律。

2. 凡因履行本合同产生的或与本合同有关的一切争议，双方均应通过友好协商解决。如协商无法达成一致的，应将该争议提交原告方住所地有管辖权的人民法院解决。

第十二条 合同的生效和效力

1. 本合同经甲乙双方签字、盖章之日起生效，至本合同约定的双方全部义务履行完毕之日终止。

2. 本合同的签订替代此前双方关于此次合作所做出的所有口头或书面承诺。

3. 本合同附件为本合同不可分割的组成部分，与本合同具有同等法律效力。

4. 若本合同的某一条款被裁决为无效，但并不影响本合同其他条款效力的，其他条款仍然有效。

第十三条　合同的变更和终止

1. 本合同生效后，对本合同的任何补充、修改和变更，均应经双方协商一致以书面形式作出，并经甲乙双方签字、盖章后方为有效。

2. 甲乙双方经协商一致可签订书面协议终止本合同。

第十四条　弃权

1. 任何一方对本合同条款、条件或权利的放弃必须是书面的，且只有在书面特别指明的范围内有效。

2. 任何一方放弃对另一方违反本合同所包含或暗示的任何承诺义务或条款的追索，不应被认为其放弃对另一方依据另外条款或就同一情况继续违约的追索，也不应被认为其放弃对另一方违反本合同包含或暗示的其他承诺义务或条款的追索。

第十五条　合同附则

1. 因本合同而发生的一切税费，由双方按法律规定各自承担。

2. 双方按本合同约定向对方发送书面通知，应送往本合同封面处双方联系人及其所记载的地址，除非在发送书面通知前已收到对方以书面方式提供的新的通讯地址。双方也可以发送电子邮件、微信的方式发送书面通知。

1. 本合同正本一式两份，甲乙双方各执一份。

2. 付款账户如下：

户名：

开户银行和卡号：

（以下无正文）

甲方（盖章）：　　　　　　　　乙方（盖章）：

甲方代表人签字：　　　　　　　乙方代表人签字：

甲方签字日期：　　　　　　　乙方签字日期：

见证方（盖章）：

见证代表人签字：

见证方签字日期：

附件1　数字化改造工程　共性应用场景任务清单

例：物料扫码管理

场景	功能	功能说明
物料扫码管理	原材料编码	物料编码：对物料进行编码，信息包括物料名称、物料分类、物料规格、安全库存等
	原材料出/入库管理	物料入库：入库单号、入库时间、采购单号、质检员、收料仓库、采购员、供应商、采购数量、入库数量、单价、未到货数量、总价等信息入库
		物料出库：出库单号、出库时间、领料人、领料部门、出库仓库、物料名称、现存量、出库量、单价、总价等信息出库
		原材料出入库明细查询：查询入库/出库记录和明细
	库存盘点	物料盘点单录入：把盘点的结果进行录入登记
	呆滞原材料预警	1个月呆滞预警：对已入库超过1个月还未出库的原材料，进行预警，可进行微信推送
		3个月呆滞预警：对已入库超过3个月还未出库的原材料，进行预警，可进行微信推送
		6个月呆滞报警：对已入库超过6个月还未出库的原材料，进行报警，可进行微信推送

（续）

场景	功能	功能说明
自动报工与进度跟踪		
扫码精准包装		
设备互联与智能运维		
物料扫码管理		
四级报表的智能统计		

说明：**按照行业数字化改造实际，有几个共性应用场景，就填写几个。**

本合同包括基础硬件，超出基础硬件的部分由甲方自费采购，基础硬件如下：

序号	产品名称	技术参数	单价/元	数量	小计/元	备注
例	服务器	4核8G高效云盘系统盘80G	9000	1台	9000	含安装费
1						
		合计金额/元				

附件2 数字化改造工程 个性应用场景任务清单

例：采购管理

场景	功能	功能说明
采购管理	采购单管理	采购单编制：编制采购单
		采购单操作：采购单可修改/删除/提交/审核/作废/打印/查询
	采购进度	采购进度PC端查询：通过电脑查询采购单进度
		采购进度微信推送：采购进度按标准管控节点，只要有进度变化，就推送实时进度
		采购进度延期预警：延期采购单预警/报警
	供应商管理	供应商档案管理：供应商档案建立/更新，供应商账户管理
		供应商等级管理：对供应商进行A/B/C评定
自动报工与进度跟踪		
扫码精准包装		
设备互联与智能运维		
物料扫码管理		
四级报表的智能统计		

说明：此处的填写应当按照合同第一条第3点企业选购的个性应用场景填写具体的内容。

附件3 数字化改造工程 培训和实施服务

服务工作内容：

甲方于本合同服务明细表中购买此项服务时，由乙方提供以下的服务。提供甲方有关<u>数字化改造工程</u>的培训实施服务，具体包括：

1. 编制数字化改造工程实施计划。

2. 监控实施进度。

3. 协助制定数字化改造工程实施奖惩考核办法。

4. 培训：包括甲方所购买应用场景的功能培训。

5. 考核：包括甲方所购买应用场景的功能考核。

6. 对基本数据的收集、建模进行培训。

7. 各项编码原则的讨论和确认。

8. 项目风险管控。

9. 项目重要会议的召开：工程启动大会、工程关键节点会议、工程上线动员大会、工程总结大会。

10. 上线后支持：自软件上线动员大会使用软件3个月内，对各部门实际使用情况进行数字化跟进和技术支持。

食宿：由双方协商确定。

附件4 数字化改造工程 维护服务

维护服务期:

乙方提供数字化改造工程自安装集成完成日（即: 安装完成报告书签署日）起_____（与第一条第1点第5小点年限一致）年的免费维护服务。免费维护期届满时，双方应另订维护合同以便乙方能够持续提供维护服务。

维护服务工作内容:

1. 维护服务范围仅限乙方实施的数字化改造内容。

2. 提供电话咨询服务: 仅限所售场景功能的疑难解答。

3. 提供以远程遥控软件排除问题的服务。

4. 提供标准程序的除错服务。

5. 提供版本升级程序。

6. 若因乙方软件产品所产生的问题，经乙方以远程遥控软件除错后仍无法排除，由乙方提供免费的现场故障排除与技术支持，乙方应在×个工作日内予以响应。

维护服务计费方式:

1. 免费维护期届满后，双方同意以每个年度为维护服务的计价方式，维护服务工作内容不少于本附件所列示内容。

2. 年度维护服务的价格为: 前三年收费标准为合同总价款_____/年，三年以后的收费标准为合同总价款_____/年。

付款方式:

甲方于每个年度维护期限过前二十日内，将下一年度维护服务费的全款以汇款方式向乙方支付。

附件5 数字化改造工程 安装完成报告书

客户名称		合同编号		
联系人		联系电话		
软件版本			安装时间	
安装地点				

软件安装模块清单：

序号	安装地址	服务器/客户端	是否安装成功	备注
1	服务器：(根据实际填写)	服务端		
2	客户端：(根据实际填写)			
3	(根据实际填写)			

差异化需求：

☐	
☑	
☐	

软件安装人（签字）：	甲方项目经理（签字）：

用户单位（签章）：

负责人（签字）：

附件6　数字化改造工程　共性应用场景验收报告

客户名称		合同编号	
场景	验收标准		
例：自动拆单与智能排产	10个订单拆单数据准确（验收订单含20套木门，木门品名包含单开门、对开门、双移门、垭口中常见产品的三类）		
自动报工与进度跟踪			
扫码精准包装			
设备互联与智能运维			
物料扫码管理			
四级报表的智能统计			

验收结果：

[　] 验收通过，无须修改或者需要轻微修改但不必再次验收。

[　] 验收不通过，共性应用场景质量不合格、设备数字化、网联化改造未完成。

（签字）：

甲方（签章）：　　　　　　　　　　乙方（盖章）：

日　期：　　　　　　　　　　　　　日　期：

见证方（盖章）：

日　期：

附件 7 数字化改造工程 个性应用场景验收报告

客户名称			合同编号	
选购	场景	验收标准		
	例：采购管理	使用采购管理进行采购业务处理达 10 单		
	⋮			
	N			

验收结果：

[   ] 验收通过，无须修改或者需要轻微修改但不必再次验收。

[   ] 验收不通过，原因如下：

（签字）：

甲方（签章）：   乙方（盖章）：

日期：   日期：

见证方（盖章）：

日期：

附件 8　数字化改造工程　共性应用场景技术标准

第一条　产品概况

甲方希望购买和实施乙方"数字化改造工程"相关的产品和服务，实现_____共性应用场景，提升企业在交付周期、质量、成本等方面的核心竞争力。

第二条　功能明细

说明：按照行业数字化改造实际，有几个共性应用场景，就填写几个，并对每个共性应用场景写清晰具体的内容。

例：

1　场景：物料扫码管理

1.1　物料编码功能

物料编码功能说明：对物料进行编码，信息包括物料分类、物料名称、物料规格、最高库存等；

1.2　原材料出/入库管理功能

（1）物料入库功能说明：入库单号、入库时间、采购单号、质检员、收料仓库、采购员、供应商、物料批号、采购数量、入库数量、单价、未到货数量、总价等信息全面信息化入库；

（2）物料出库功能说明：出库单号、出库时间、领料人、领料部门、出库仓库、物料批号、物料名称、现存量、出库量、单号、总价信息化出库；

（3）物料盘点功能说明：每月盘点对物料进行抽盘；

（4）原材料出入库明细查询功能说明：查询入库/出库记录和明细。

1.3　呆滞原材料预警功能

（1）1个月呆滞预警功能说明：对已入库超过1个月还未出库的

原材料，进行预警，可进行微信推送；

（2）3个月呆滞预警功能说明：对已入库超过3个月还未出库的原材料，进行预警，可进行微信推送；

（3）6个月呆滞报警功能说明：对已入库超过6个月还未出库的原材料，进行报警，可进行微信推送。

2　场景：自动报工与进度跟踪

3　场景：扫码精准包装

4　场景：设备互联与智能运维

5　场景：物料扫码管理

6　场景：四级报表的智能统计

项目实施计划

说明：自甲方具备双方约定的"数字化改造工程 工厂必备资源"后开始计算项目周期，主要活动可调整或细化。

项目名称	数字化改造共性应用场景项目计划									项目周期	_____ 个月
主要活动（周）	工期（天）	一周	二周	三周	四周	五周	六周	七周	八周	里程碑	
1　项目调研和详细方案											
2　项目启动大会										★	
3　设备数改采集器安装调试											
4　软件安装和培训											
5　软件上线动员大会										★	
6　软件磨合和优化											
7　软件验收和成果交付										★	

附件 9　数字化改造工程　个性应用场景技术标准

第一条　产品概况

甲方希望购买和实施乙方"数字化改造工程"相关的产品和服务，实现_____个个性应用场景，以满足企业的个性化数改需求。

第二条　功能明细

说明：此处的填写应当按照第一条第 3 点企业选购的个性应用场景来填写具体的内容，内容应当清晰明确。

例：场景：采购管理

1. 采购单管理功能

（1）采购单编制功能说明：编制采购单。

采购单的内容包括：采购单号、需求部门、需求日期、采购员、供应商、税、备注、物料名称、物料编码、规格属性、规格、单位、数量、单价、总价、备注。

（2）采购单操作功能说明：采购单可修改/删除/提交/审核/作废/打印/查询。

采购单的审核流程为：提交→审核（通过/驳回）；未提交审核或者审核驳回的采购单可进行修改、删除操作；采购单可打印明细；根据采购单号、部门、标记等查询。

2. 采购进度功能

（1）采购进度 PC 端查询功能说明：通过电脑查询采购单进度。

根据采购单号、部门、标记等条件查询采购进度。

（2）采购进度微信推送功能说明：采购进度按标准管控节点推送实时进度。

采购人员可在微信公众号订阅采购进度推送的节点，在达到采购进度节点的时候，自动触发推送机制，把当前最新的采购进度推送给订阅人员。

（3）采购进度延期预警功能说明：延期采购单预警/报警。

设定采购单预警/报警的条件，触发条件软件会自动发送延期/报警信息。

3. 供应商管理功能

（1）供应商档案管理功能说明：供应商档案建立/更新，供应商账户管理。

供应商档案包括：供应类别、供应商名称、省、市、县、地址、联系人、电话、微信、备注等信息。供应商账号信息包括：开户名、开户行、卡号、纳税人识别号、增值税税率、备注。

（2）供应商等级管理功能说明：对供应商进行 A/B/C 评定。

第三条 项目实施计划

项目名称	数字化改造个性应用场景工程项目计划									项目周期			依具体需求而定
主要活动（周）		工期/天	一月	二月	三月	四月	五月	六月	七月	八月			里程碑
1	项目调研和详细方案												
2	项目启动大会												★
3	数采监控采集器安装调试												
4	软件安装和培训												
5	软件上线动员大会												★
6	软件磨合和优化												
7	软件验收和成果交付												★

说明：主要活动可调整或细化。

附录 B 数字工厂云服务总包合同（参考样本）

合同编号：

数字工厂云服务总包合同

（参考样本）

使用说明

　　为了保障数字工厂云服务各方主体的合法权益，规范数字工厂云服务委托方与服务方行为，指导数字工厂云服务合同规范签订，依据《中华人民共和国民法典》，结合浙江工厂数字化转型的实践与经验，制定数字工厂云服务总包合同示范文本（以下简称《合同示范文本》）。为了便于合同当事人使用《合同示范文本》，现就有关问题说明如下：

　　一、关于数字工厂云服务总包的内涵

　　（一）数字工厂

　　数字工厂应当实现生产、经营、管理的数字化并构成闭环。因企业规模、行业性质等不同，构成闭环的组成环节各异，最小闭环是从订单评估、计划管理、采购管理、生产制造、质量管理、仓储运输、产品交付到货款回收等环节均实现数字化并相互联通。

　　数字工厂建设可采取单体软件架构和云平台架构，《合同示范文本》适用云平台架构。

　　（二）数字工厂云服务总包

　　数字工厂云服务总包的主要内容有：数字工厂的主要软件（微服务）、数据、算法和其他平台商提供的产品和服务在同一个平台上集成，并保障数字工厂正常运营。数字工厂云服务总包商统一负责集成、运营服务并承担相关责任（另有约定除外）。在此基础上，可提供其他增值服务。

　　二、细分行业中小企业数字工厂建设与运营的基本方案

　　（一）根据浙江实践，中小企业数字工厂按细分行业建设（改造），遵循"企业数字化建设，行业平台化服务"原则实施。《合同

示范文本》所指的云平台，是按细分行业构建的行业性平台。

（二）细分行业中小企业的数字工厂建设与运营采用总包制度。数字工厂建设由数字工程总包商负责，数字工厂运营由云平台总包商负责，或建设与运营均由云平台总包商负责。

（三）细分行业中小企业的数字工厂建设与运营采用先做样本再行推广的制度。在细分行业中选择典型样本企业，建成数字工厂并运营平稳后，在同行业中复制推广。

（四）细分行业中小企业的数字工厂建设与运营采用共性场景复制制度。由行业专家和其他主体，采用多种形式，针对细分行业选取数字工厂建设与运营的共性场景（N），共性场景（N）至少需要实现企业生产、运营、管理数字化的最小闭环，经样本企业的实践验证后，在行业内复制推广。不同企业的个性场景（X）一般需要个性化定制。

（五）在《合同示范文本》中，共性场景（N）体现为"数字工厂云服务（SaaS）"；个性场景（X）体现为数字工厂云软件定制开发服务（C SaaS）。

（六）细分行业中小企业的数字工厂建设与运营采用标准合同制度。在行业典型样本企业的数字工厂建设与运营的实践基础上，总结提炼标准合同，并按标准合同及附件（"N+X"场景）在行业内推广。

三、《合同示范文本》的组成

《合同示范文本》由合同主体文本+标准的附件（"N+X"清单）两部分组成。

（一）合同主体文本

合同主体文本部分是合同当事人根据《民法典》及有关法律规范的规定，就数字工厂云服务的通用事项，就当事人的权利、义务作出的一般性约定条款。

（二）合同附件

合同附件是合同当事人根据具体数字工厂项目，就有关细节作出的更具体约定，以及名词解释和不同行业的"N+X"场景的实施方案等。

四、《合同示范文本》适用范围

《合同示范文本》是在浙江省针对细分行业中小企业数字工厂建设与运营的实践基础上总结提炼而成，对细分行业中小企业数字工厂建设与用云服务及合同签订具有重要的指导意义，对其他制造企业的数字化也有一定的指导意义。

《合同示范文本》供浙江省内数字工厂云服务总包商与具体客户，就各类数字工厂项目建设和运营签订服务合同时参照使用。

五、《合同示范文本》的性质

《合同示范文本》为非强制性使用文本。合同当事人可依照《合同示范文本》订立合同，并按法律规定和合同约定承担相应的法律责任。

六、《合同示范文本》使用提示

为使《合同示范文本》履约过程中各方的权责更明晰，在合同签订前各方须把【】空格内或＿＿＿等处填写明晰的文字或数字确定各方权利义务；如【】内已经有文字或数字，为建议数字，可根据具体磋商情况进行修改；如该条款不作约定，可将/填写在【】或＿＿＿处。

××数字工厂云服务总包合同

甲方（采购方）：＿＿＿＿＿＿＿＿＿　　　合同编号：

乙方（供货方）：＿＿＿＿＿＿＿＿＿

第一部分：主体文本

甲乙双方本着诚实守信、合作共赢的原则，依据《中华人民共和国民法典》等相关法律法规的规定，现就"××数字工厂云服务总包项目"（以下简称"本项目"）甲方采购乙方的产品或服务及由此产生的权利和义务的有关事宜，经双方友好协商达成本合同，以资信守。

第一条　产品/服务及价格

	产品/服务	套餐/模块	价格（元）	计价方式	备注/说明
☐	数字工厂云服务（SaaS）	标准版		年费	内容及价格详见附件1：××数字工厂云服务（SaaS）功能清单及价格
☐	数字工厂云软件产品定制开发（C SaaS）	功能定制		次	内容及价格详见附件2：数字工厂云软件产品定制开发功能清单及价格
☐	实施服务	实施服务			内容及价格详见附件3：实施服务明细及价格
☐	培训服务				
☐	二次开发服务				
☐	硬件产品				
☐	维护费				
☐	其他				
	项目费用合计	人民币小写：【　　　】　大写：【　　　】圆整			
	注：次年起软件服务费【　　　】元整/年				

服务期限为：本合同项目通过验收交付之日起【　　】年。

后续针对本项目，如果项目范围未在第一年的基础上扩大，甲方无须再向乙方支付任何产品及工具授权费用；如实际执行中项目范围在第一年的基础上扩大，则甲乙双方另行签订补充协议约定费用。

第二条　双方权利及义务

2.1　甲方权利义务

2.1.1　甲方对乙方提供的本合同项下的系统具有永久合法使用权。

2.1.2　甲方有权按照合同条款及双方确认的建设流程，监督项目的实施情况，如发现问题有权书面通知乙方，乙方须即时展开调查并在【　　】个工作日内将问题解决。

2.1.3　甲方有义务提供系统配置的需求说明，配合乙方确定相关的配置信息，向乙方提供为保证本合同项下系统正常交付而需使用的信息、数据、资料。

2.1.4　甲方有义务配合乙方完成（软硬件产品名称）的安装和调试工作，包括但不限于提供必要的设备、场地和人员。

2.1.5　甲方有义务提供系统所需的硬件环境，为数字工程与乙方提供产线物联工程等实施条件，确保满足乙方系统运行环境的需求，并为乙方提供便利的工作条件。甲方必须采取措施保证在乙方安装、测试、应用时，其计算机硬件和网络设备等设施运行正常。网络系统的日常维护和安全保证工作由甲方承担（包括网络防火墙、病毒防护、系统数据定时备份等）。

2.1.6　在系统安装调试时如牵涉第三方的配合，甲方负责协调工作，以确保系统的顺利安装和正常使用。

2.1.7　甲方有义务加强数字化转型领导，指定专职负责人员，积极配合乙方进行配套管理改革和系统落地使用，为员工技能培训和使用提供时间保证。

2.1.8 甲方有义务配合乙方进行项目的验收工作，根据项目的完成情况及时进行验收。甲方应在乙方提出验收申请之日起十五个工作日内予以回复验收意见，如届满未予回复验收意见的，则视为验收确认。

2.1.9 甲方应按照合同约定及时向乙方支付相应的合同金额。

2.2 乙方权利义务

2.2.1 乙方有权按时获得本合同所约定的款项。

2.2.2 乙方有义务执行项目计划书的要求，保证系统功能的完整、可用、有用。

2.2.3 乙方有义务在维护期内免费修复软件产品的质量缺陷。

2.2.4 乙方有义务遵守本合同各项条款的约定，并按本合同约定向甲方提供（软件产品名称）相应的产品及服务。

2.2.5 乙方有义务在接到甲方关于【××数字工厂云服务】的任何通知后，24小时内进行回复，乙方将提供7×24电话以及在线工单咨询服务，解答甲方在使用中的问题。

2.2.6 乙方有义务协助甲方准备【××数字工厂云服务】必备的资源。

2.2.7 乙方有权在甲方未按约定支付款项超过【3】个工作日时暂停提供服务，直到甲方完成付款。

2.2.8 乙方有义务对甲方在使用【××数字工厂云服务】过程中产生的所有数据进行保护，不得在未经甲方明确书面许可的情况下，向任何第三方披露甲方的任何数据，或自行使用、处理任何数据，根据行政主管机关、司法机关依照相关程序要求披露的除外。

2.2.9 乙方有义务在甲方提出的任何合理修改要求后，及时进行确认，并在确认后进行相应的修改。如该修改须另行支付价款，乙方应在确认过程中提出交由甲方确认该款项。

2.2.10　乙方有义务在提供【××数字工厂云服务】过程中，遵守所有相关的法律法规，包括但不限于《数据安全法》《个人信息保护法》等。

2.2.11　乙方有义务保证平台数据安全，并维护甲方数据主权，确保数据的规范性、完整性建设。

2.2.12　乙方有义务在合同期满后，协助甲方进行数据迁移，且未经甲方书面同意或根据法律法规规定，不保留任何数据。

2.2.13　乙方有义务在完成【××数字工厂云服务】的交付后，按照甲方的需求，为甲方的员工进行数字技能的培训。

2.2.14　乙方有义务在合同期满后，将甲方提供的所有资料和信息，以及甲方在使用过程中产生的所有数据，妥善保密保管，并且不得泄露给任何第三方，或用于任何非甲方书面同意的用途。如甲方要求返还、删除或迁移的，应在甲方要求的合理期限内予以配合。

2.2.15　乙方有义务在项目实施过程中，对其工作成果进行自我检查，并确保其满足甲方的需求和验收标准。

2.2.16　乙方有义务在甲方提出的任何问题或者反馈后，及时进行改进和优化，以提高【××数字工厂云服务】的用户体验和满意度。

2.2.17　乙方有权在完成【××数字工厂云服务】的交付后，根据甲方的使用情况，提出改进和优化建议，以提高平台的性能和效率。

2.2.18　为保证合同顺利履行，乙方须按合同约定提交切实可行的技术工作说明书，并及时响应甲方的质询，若乙方收到甲方意见后15日内没有答复，即视为接受甲方的条件、认可甲方的意见。如乙方确实有合理原因不能按时响应，则应在事前以书面形式说明原因。

2.2.19　乙方应持有履行本协议项下义务依法应取得的全部资

质，并确保云平台的环境及数据安全。

第三条　用户数据的使用、隐私保护和迁移

3.1　本合同项下的"用户隐私信息数据"指用户的订单数据、设计数据、生产数据、管理数据、办公数据等由软件系统产生的数据。

3.2　乙方明确将甲方在平台账号下产生的相关运行数据的所有权归属于甲方，甲方通过乙方提供的服务，加工、存储、上传、下载、分发以及通过其他方式处理的数据，均为甲方的用户业务数据，甲方完全拥有甲方的用户业务数据。

3.3　乙方承诺提供完善的数据安全防护措施，确保数据的机密性。如发生数据丢失等情况，乙方将全部损失；非经甲方许可，乙方保证不使用，且不对外公开或向第三方透露用户隐私信息数据，但下列情况除外：

甲方可自行对甲方的用户业务数据进行删除、更改等操作。如甲方释放服务或删除数据的，乙方将删除甲方的数据，按照甲方的指令不再保留该等数据。就数据的删除、更改等操作，甲方应谨慎操作。

在国家有关有权机关依法查询或调阅用户业务数据时，乙方具有按照相关法律法规或政策文件要求提供配合，并向第三方或者行政、司法等机构披露的义务，但乙方应在×个工作日内通知甲方。

当服务期届满、服务提前终止（包括双方协商一致提前终止，其他原因导致的提前终止等）或甲方发生欠费时，除法律法规明确规定、主管部门要求、本协议第2.2.12条、第2.2.14条或双方另有约定，乙方仅在一定的缓冲期（以甲方所订购的服务适用的专有条款、产品文档、服务说明等所载明的时限为准）内继续存储甲方的用户业务数据（如有），缓冲期届满，乙方将删除所有用户业务数据，包括所有缓存或者备份的副本，不再保留甲方的任何用户业务数据。

用户业务数据一经删除，即不可恢复；甲方应承担数据因此被删除所引发的后果和责任，甲方理解并同意，除本协议另有约定，乙方没有继续保留、导出或者返还用户业务数据的义务。

3.4 保护用户隐私是乙方的基本政策，本云服务应当采用先进的安全加固技术处理措施，以保证数据的安全传输。

3.5 在不透露用户隐私信息数据的前提下，甲方同意乙方有权对甲方提供的用户隐私信息数据以外的信息数据（包括但不限于甲方使用乙方云服务时产生的所有信息数据、其他相关信息数据）进行筛选、分析、加工及处理等。

3.6 在不透露用户隐私信息数据的前提下，甲方同意乙方可使用上述信息数据以改进甲方的用户体验，从而使本云服务的用户得到更为顺利、有效、安全的体验。

3.7 乙方提供免费的云平台用户业务数据迁移工具及操作文档，甲方需配合乙方提供指定的用户业务数据存放环境；用户业务数据存放环境要求如下：【　　　　】。

3.8 甲方根据乙方提供的数据迁移工具及操作文档自行完成相关操作；若需要乙方人员完成，费用约定如下【　　　　】。

第四条 服务范围及交付成果

4.1 数字工厂云服务（SaaS）

数字工厂云服务（SaaS）为订阅付费服务，乙方按照《附件1：××数字工厂云服务（SaaS）功能清单及价格》清单内容为甲方开通服务，并帮甲方完成硬软件系统安装部署、调试（达到可正常使用状态）。

乙方按照合同约定向甲方人员提供顺利完成所必需的成套培训文件（含文档和视频）、培训、指导。甲方本次购买该项服务的使用期限自乙方为甲方开通服务之日起算。

4.2 数字工厂云软件产品（C SaaS）定制开发（若本协议第一条无此项产品/服务，则不适用本条款）

数字工厂云软件产品定制开发（C SaaS），以本合同《附件2：数字工厂云软件产品定制开发功能清单及价格》附件6：数字工厂云服务总包项目业务蓝图为依据，进行验收工作。

乙方于项目正式启动（以甲方【支付首期款】为准）后【　】个工作日内完成系统安装部署，甲方在本合同约定审核周期内签署《附件8：系统部署开通确认书》。

乙方于系统安装部署完毕后【　】个工作日内完成系统的功能及操作培训，甲方在本合同约定审核周期内签署《附件9：培训确认单》。

乙方于系统功能及操作培训结束后【　】个工作日内配合甲方完成系统的验收测试工作。

乙方配合甲方完成系统验收测试后向甲方提出验收结果确认（确认《附件10：验收报告》内容），甲方应在接到乙方《附件10：验收报告》后【　】个工作日内向乙方出具甲方盖章的《附件10：验收报告》，对验收是否通过予以反馈。

乙方提出验收结果确认【　】个工作日后，甲方无正当理由对《附件10：验收报告》不予确认的，或者甲方已经在使用本合同系统的，或者因甲方提供的数据问题或其他非乙方原因导致系统无法进行验收测试的，视为项目已验收通过。

验收未通过：乙方根据《附件11：验收测试问题清单》进行整改，整改完成经甲方确认后，即视为本合同项目验收通过。

4.3 硬件产品服务（若本协议第一条无此项产品/服务，则不适用本条款）

乙方按本合同《附件4：硬件产品清单明细及价格》约定向甲方交付相应硬件，甲方应在收到硬件后【　】个工作日内确认所收到硬件的规格、数量及包装情况，并签署《附件12：货物签收单》；相应硬件产品的所有权自甲方签署《附件12：货物签收单》之时即转移至甲方，并由甲方负责保管，并视为项目硬件产品已验收通过，但不影响硬件产品质保责任相关方承担质保责任。

4.4 功能二次开发的服务（若本协议第一条无此项产品/服务，则不适用本条款）：

乙方提供开放平台数据接口、开发工具、开发文档及示例代码，供甲方作为开发者自建应用、委托第三方服务商定制开发应用的服务。

乙方提供云平台专属接口服务：由甲方付费，委托乙方开发专属接口，本项目付费接口约定详见《附件5：二次开发服务明细及价格》报价明细。

第五条 付款方式

甲方按照乙方提供的收款方式，将合同款汇至以下乙方对公账号，乙方收到甲方对应款项（可根据甲方需求）后15个工作日内开具合法发票给甲方。未汇入下述对公账户的，视为未付款。

乙方收款账号信息

开户行：

行号：

户名：

银行账号：

5.1 数字工厂云服务（SaaS）付款方式

甲方向乙方订阅××年的数字工厂云服务（SaaS），每年订阅费为××元人民币（大写，××××圆整），甲乙方应在合同签订之日起的15个工作日内，甲方向乙方支付首年订阅费××××元人民币（大写，××××圆整）；订阅期限内，甲方需在每年订阅期到期之日前1个月内支付下一年度订阅费××××元人民币（大写，××××圆整）。如甲方未能在续费周期届满前进行续费操作，乙方应及时通知甲方，但有权在订阅期限届满之日起暂停或终止数字工厂云（SaaS）服务，并不承担除通知外的其他任何责任。甲方向乙方付款前，乙方需向甲方提供对应款的增值税【专用/普通】发票，科目内容："技术服务"或"软件产品"。

5.2　数字工厂云软件产品定制开发付款方式（若本协议第一条无此项产品/服务，则不适用本条款）

自合同签订之日起_____个工作日内，甲方向乙方支付本合同总金额的 50% 即人民币_____元人民币（大写：_____圆整）作为首付款。

乙方_____完成，经甲方验收，并给甲方完成培训、安装及调试后，甲方向乙方本合同总金额的 40%，即人民币_____元人民币（大写：_____圆整）作为验收款。

乙方完成甲方××数字工厂全部上线验收后，甲方向乙方支付本合同总金额的 5%，即人民币_____元人民币（大写：_____圆整）作为上线款。

自软件产品全部上线验收后一年内无质量问题，甲方向乙方支付本合同总金额的 5%，即人民币_____元人民币（大写：_____圆整）作为尾款。

每笔款项支付前，乙方需向甲方提供首付款、验收款、上线款、对应的增值税专用发票（税率 6%，该税率可能根据政策调整而调整），科目内容："技术服务"。

第六条　售后服务保障

6.1　质保的约定

6.1.1　硬件产品质量保证

乙方提供针对硬件产品【　】月的免费质保服务，质保起始之日按本合同约定项目所用硬件验收合格之日起。由乙方为甲方提供和定制开发的硬件，质保期按照付款条款和工作说明书约定进行。

质保期内产品正常使用所产生的故障及缺陷，乙方免费予以修理更换。

当乙方收到其提供和开发的产品的有效的保修要求时，乙方将免费为甲方修复 相关缺陷产品。当乙方在甲乙双方确认的时间内未能完成修理或更换时，甲方有权将该产品退回乙方，乙方应承担相应修理义务或更换新的产品，并承担甲方将产品退运及乙方重新发货的费用。

质量要求技术标准：按国家标准、行业标准及甲方企业标准执行。

6.1.2 软件产品质量保证

乙方提供针对软件产品【 】月的免费质保服务，质保起始之日为本合同约定项目软件完成验收合格之日起。由乙方为甲方提供和定制开发的软件，质保期按照付款条款和工作说明书约定进行。

质保期内产品正常使用所产生的故障及缺陷，乙方免费予以技术支持，解决产品故障及缺陷。

质保期内，当乙方收到其提供和开发的产品的有效的运维及支撑要求时，乙方将免费为甲方修复相关缺陷产品。当乙方在双方确认的时间内未能完成运维及支撑服务时，甲方有权要求退回相应的维保费用，给甲方造成损失的，乙方应向甲方赔偿。

质量要求技术标准：按国家标准、行业标准或甲方企业标准执行。

乙方应保证交付的软件均符合功能要求，并由软件验收测试的成功予以说明。除非甲方有其他证据，否则验收测试的成功完成被视为该许可软件达到所述功能的决定性证据。下述情形引发的产品问题不在乙方保证范围内：a）乙方及乙方许可之外的任何人对该许可软件作任何方式的修改；b）甲方未按许可软件所附文档的规定使用软件；c）由于甲方原因或第三方产品的故障、计算机设备故障、网络故障等使软件无法正常运行。

乙方负责在软件系统部署完成后对甲方各模块负责人及相对应的操作人员进行软件操作培训。

本系统的模块部分必须由甲方派专人管理，本系统在使用过程中若出现故障问题，乙方将安排技术员及时通过电话或邮件的方式进行远程协助处理，如果远程协助无法解决故障，将在 48 小时内派员到现场处理。

6.2 售后维护的约定

本合同服务期限内，乙方免费为甲方提供如下售后服务：软件使用指导、软件 BUG 解决、数据维护。

售后服务方式：限于乙方电话、邮件、现场服务等。

响应时间：指乙方接到甲方服务请求后，到与甲方进行沟通并对甲方做出服务承诺的时间周期。【　】分钟电话响应，【　】小时现场响应，【　】×【　】小时不间断地服务。

直接或显著影响甲方业务开展的软件错误，乙方承诺在【　】个工作日内提供解决方案；

对甲方业务开展效率有影响的软件功能错误，如仅能以受限方式操作软件，乙方承诺在【　】个工作日内提供解决方案；

除本合同上述 2 条以外的软件错误，乙方承诺在【　】个工作日内提供解决方案。

如乙方未按上述约定响应或提供解决方案的，则需按【　】元/日向甲方支付违约金。

乙方对下列事项不作任何陈述与保证：

由于云服务与甲方所使用的第三方软件和硬件（如系统、手机、电脑）发生了不兼容或者报错情形，乙方无法负责，也不能保证上述情况不会发生；但乙方应向甲方说明使用注意事项，并提出建议；如发生以上情况，乙方应提供解决办法供甲方解决问题。

甲方在使用云服务过程中，因甲方的设备故障、操作失误、第三方软件等造成的数据丢失，乙方不承担赔偿责任，但乙方应积极配合甲方修复系统，尽快恢复系统运行。

因网络信号不稳定等互联网通信的固有缺陷而导致的登录失败、发送失败。

其他约定内容如下：【   】

6.3 云服务可靠性的约定

在服务期内，乙方尽最大努力保障软件服务的连续可靠运行；乙方承诺软件正式交付验收后的可用性不低于【××】%。

对未达到软件系统业务可用性的客户项目，客户可根据具体情况获得对应使用时长赔偿。赔偿范围不包括以下原因所导致的服务不可用：

本合同云服务所属设备以外的网络、设备故障或配置调整引起的。

客户的应用程序受到黑客攻击而引起的。

客户维护不当或保密不当致使数据、口令、密码等丢失或泄漏所引起的。

客户的疏忽或由客户授权的操作所引起的。

客户未遵循本合同云服务产品使用文档或使用建议引起的。

由于客户所安装软件或者其他非本合同云服务直接运营的第三方应用或者配置引起的应用出现错误。

由于客户违反本合同云服务条款导致的服务被暂停或终止；由于欠费导致被暂停服务或被释放等不可抗力引起的。

第七条 实施保障

7.1 甲方指派一名具有专业知识的专职管理人员作为本项目的项目负责人，负责本项目的项目日常管理，监督项目执行与情况汇报，并授权对该项目涉及的文件签字。

甲方项目负责人姓名：　　　　　　　联系电话：

微信号码：　　　　　　　　　　　　邮件地址：

7.2 乙方指派一名具有专业知识的资深管理人员作为本项目的项目经理，负责本项目的项目管理，统筹相关工作，监督项目执行与情况汇报，控制工作质量，执行变更和应急情况管理，并根据实际状况调整乙方人员安排，以保证项目的正常高效运作，并授权对该项目涉及的文件签字。

乙方项目负责人姓名：　　　　　　　联系电话：

微信号码：　　　　　　　　　　　　邮件地址：

7.3 如需对以上人员进行变更，双方均须于变更前3个工作日书面通知对方。

第八条 第三方应用的相关约定

本合同若有乙方提供的第三方应用，乙方应确保第三方应用的服务正常，如第三方应用的服务商因不可控因素中断或延迟服务，乙方负责并积极协调以恢复服务。

甲方在使用云服务过程中，自行采购第三方应用和未认可的硬件（如手机、电脑）发生了不兼容、报错情形，数据丢失，乙方不负责并且不承担赔偿责任；但乙方应向甲方说明使用注意事项，并提出建议；如发生以上情况，乙方应提供解决办法。

第九条 第三方监理的相关约定

第三方监理内容：【　　　　】

第三方监理权限：【　　　　】

第三方监理在项目现场的办公场所、生活场所的提供以及费用承担的约定：【　　　　】

第三方监理方监理人员清单：【岗位名称、姓名、职务、监理工程师职业资格证书编号（若有）、联系电话、电子邮箱、通讯地址】

关于第三方监理的其他约定：【　　　　】

在甲方和乙方不能通过协商达成一致意见时，甲方授权第三方监理对以下事项进行确定：【　　　　】

第十条　需求变更处理规则

10.1　任何一方均应以书面的方式提出变更请求并描述详细的拟变更内容，详见《附件7：需求变更确认书》。乙方应负责进行变更分析。变更分析应包括以下内容：变更实现方式、变更实施时间、变更所带来的风险和对服务时间、既定工作计划、工作量、资源要求、服务费和付款方式的影响分析。

10.2　甲方在收到乙方递交的变更分析后的【　】个工作日以内，甲方应就变更分析进行审核并决定是否实施该变更。如果甲方和乙方对于变更达成一致，双方授权人就变更事宜书面签署补充协议并加盖公章后，乙方开始实施变更。在未获得甲方书面同意的前提下，乙方不得擅自实施变更，否则由此造成的费用由乙方自行承担。

10.3　如后续详细设计中有超出现有合同规定范围之外的新增需求，甲乙双方友好协商签署项目变更协议。

第十一条　知识产权

11.1　本合同项目中，乙方提供的产品及服务如已申请专利、计算机软件著作权的，知识产权始终归乙方所有。本合同项目中，如乙方提供的产品或服务中涉及第三方软件许可的，乙方应向甲方披露，甲方应自行获得第三方的许可并承担费用，按照约定方式使用；乙方承诺开发软件中不包含未披露的、需经第三方许可的内容。

11.2　本合同项下许可甲方购买的软件技术服务为有限期、有效授权的服务，授权使用期限内版权及相关权益仍归乙方所有，并受《中华人民共和国著作权法》及其他有关法律法规的保护。

11.3　本合同项目中，乙方受甲方委托付费开发的，技术成果专利申请权、计算机软件的著作、技术秘密以及技术资料等知识产权双方协商归属权。

11.4　乙方承诺，其在受托开发本合同项目中，不会侵犯第三方的知识产权，同时，在交付本合同成果中也不会非法使用第三方的知识产权；也不违反乙方（包括乙方开发人员）与任何第三方的保密义务或有关知识产权约定。

11.5　乙方在其受委托开发本合同项目中，如项目需要，可在取得第三方授权的前提下使用第三方技术、产品等能力，并应保证前述使用不构成侵权。

11.6　任何因甲方使用本合同项下乙方交付的成果而引起第三方对甲方的知识产权侵权主张或诉讼，乙方应积极协助甲方进行抗辩。如确因本项目成果引起的侵权，乙方应承担所有的赔偿责任，包括但不限于甲方因诉讼产生的律师费、保全费、诉讼费及侵权责任和其他损失等。

11.7　甲方承诺，在其自身使用软件系统过程中亦不得侵犯第三方的知识产权，包括但不限于：操作系统、数据库、安全系统等。甲方在使用乙方的产品或服务的过程中不得对乙方的软件产品进行反编译。任何因甲方自身原因导致的侵权，甲方应承担所有责任。

11.8　本条规定的义务和权利在本合同期满或终止后将持续独立有效，继续履行。

第十二条　保密条款

12.1　当事人一方对在订立和履行合同过程中知悉的另一方的商业秘密、技术秘密，以及任何一方明确要求保密的其他信息，负有保密责任，未经相对方书面同意，不得对外泄露或用于本合同以外的目的。一方泄露或者在本合同以外使用该商业秘密、技术秘密等保密信息给另一方造成损失的，应承担损害赔偿责任。

12.2　当事人为履行合同所需要的信息，另一方应予以提供。当事人认为必要时，可签订保密协议，作为合同附件。

12.3　一方及一方的工作人员在履行本合同中获取的另一方的商业信息、技术信息、开发文档、源程序代码等属于商业秘密，一方及一方的工作人员应当履行保密义务，不得向任何第三方进行透露，如违反保密约定，一方有权追究另一方及另一方工作人员的民事或刑事责任。

12.4　本条规定的义务和权利在本合同期满或终止后将持续独立有效，继续履行。但本合同期满或终止后，一方有权要求另一方在合理期限内返还或销毁该方的所有保密信息。

12.5　本合同关于对保密信息的保护不适用于以下情形：

（1）保密信息在披露给接收方之前，已经公开或能从公开领域获得。

（2）在本合同约定的保密义务未被违反的前提下，保密信息已经公开或能从公开领域获得。

（3）接收方应法院或其他法律、行政管理部门要求披露保密信息（通过询问、要求资料或文件、传唤、民事或刑事调查或其他程序）。当出现此种情况时，接收方应及时通知提供方并做出必要说明，同时给予提供方合理的机会对披露内容和范围进行审阅，并允许提供方就该程序提出异议或寻求必要的救济。

第十三条　合同终止

13.1　因甲方非自然因素导致合同项目终止，甲方向乙方所支付的合同款项作为对乙方投入开发资源的补偿，乙方可不作退款处理。

13.2　因乙方非自然因素导致合同项目终止的，乙方应退还给甲方所支付的所有合同款项。

13.3　前述约定不影响合同双方根据本合同应向对方承担的违约责任。

第十四条　违约责任

14.1　乙方交付的项目不符合合同约定，未通过甲方验收的，甲方有权要求乙方按照约定的标准重新交付。

14.2　因甲方原因导致逾期交付（包含但不限于人员变动、配合度低、车间调整等）的，乙方有权要求合理延长交付时间。如由此带来交付成本上升的，乙方有权要求合理增加交付费用。

14.3　如乙方未依据本合同所规定的要求和时间完成合同内容，甲方有权要求乙方采取补救和补偿措施，并继续履行本合同所规定的其他义务。乙方未依据本合同所规定的时间完成合同内容，逾期超过【　】个工作日的，甲方可以解除本合同，并要求乙方退回所有款项。

14.4　甲方延期付款超过【　】个工作日的，乙方有权暂停向甲方提供服务，且不构成违约，等甲方付款后恢复工作，由此产生的延期乙方不承担违约责任。甲方未按本合同约定的付款时间付款，任何一期逾期付款超过【　】个工作日的，乙方可以解除本合同，并不就已经收款部分款项进行退款处理。

第十五条　不可抗力

不可抗力事件是指不能预见、不能克服、不能避免且对一方或双方当事人造成重大影响的客观事件，包括但不限于自然灾害如洪水、地震、瘟疫流行等以及社会事件如战争、动乱、政府行为。

由于不可抗力事件直接导致本合同无法履行或者不能正常履行时，甲乙双方均不承担违约责任。但遇有上述不可抗力事故的一方应立即将事故情况通知另一方，并应在合理期间内尽快提供事故详情及合同不能履行或部分不能履行或需要延期履行的相关理由的有效证明文件。

对由于不可抗力造成的损失，任何一方不得提出赔偿要求，法律另有规定的除外。如不可抗力事件持续时间超过【　】日，则未受不可抗力影响的一方有权终止本合同。

在不可抗力消失后，除非双方已经达成其他协议，否则受到了不可抗力影响的一方应当立即采取措施，继续履行合同。

第十六条　争议解决

甲、乙双方对本合同书的条款在理解上发生争议时，应本着友好协商的态度修改、补充有关条款；双方在履行合同时如发生争议，亦应友好协商解决，协商不成的，任何一方有权在原告所在地法院提起诉讼。

第十七条　其他

本合同一式四份，经双方签字、盖章后生效，甲乙双方各两份，具有同等法律效力。传真件同样有效。附件与正本具有同等法律效力。未尽事宜，双方另行友好协商解决。

甲方：　　　　　　　　　　　乙方：

授权代表：　　　　　　　　　授权代表：

电话：　　　　　　　　　　　电话：

联系地址：　　　　　　　　　联系地址：

签订日期：　　年　月　日　　签订日期：　　年　月　日

第二部分：附件

附件1　××数字工厂云服务（SaaS）功能清单及价格

业务模块	功能模块	功能点	功能点说明	价格	使用功能
接单决策					☐
					☐
					☐
产品设计					☐
采购管理 （仓储管理）					☐
生产管理					☐
质量管理					☐
订单交付					☐
财务管理					☐
风控管理					☐
人事管理					☐
智能维保					☐

（以上价格均含税）价格合计：

备注：数字工厂云服务（SaaS）产品，应当遵循以订单业务数字化全过程闭环运营的业务逻辑，构建完整的业务模块闭环。本清单以离散行业为例，构建了"接单决策—产品设计—采购管理（仓储管理）—生产管理—质量管理—订单交付—财务管理—风控管理—人事管理—智能维保"的"人财物、产供销、水电气、进销存"的工厂数字化的生产、经营、管理运营全流程用云服务体系。供参考。

附件 2　数字工厂云软件产品定制开发功能清单及价格

业务模块	功能模块	功能点	功能点说明	价格
接单决策				
产品设计				
采购管理 （仓储管理）				
生产管理				
质量管理				
订单交付				
财务管理				
风控管理				
人事管理				
智能维保				
其他				

（以上价格均含税）价格合计：

附件 3 实施服务明细及价格

编号	工作任务	任务描述	人天数量
1	本地化环境部署服务包	环境准备，数据库搭建，基建类中间件搭建，业务应用，数据迁移，定制化中间件，初始化	
2	项目调研	现场业务流程沟通	
3	蓝图编写及确认	文档编写、现场蓝图及业务流程评审，二次开发方案评审、接口方案编写及评审	
4	系统环境配置	系统环境配置测试（需要明细、客户数据、账号、权限、功能、物料、BOM、工艺、设备等基础数据）	
5	现场功能培训	用户培训、用户操作手册编写、测试场景编写、现场终端软件部署	
6	上线准备	确认切换数据（基础数据、期初库存、未完结单）方案、生产系统安装配置、生产环境（静态）数据维护同步（环境配置阶段完成）	
7	上线运行	现场运行支持	

（以上价格均含税）价格合计：

附件 4　硬件产品清单明细及价格

序号	设备	型号及规格	数量（台）	单价（元）	总价（元）
1	智能终端				
2	扫码枪				
3	集控大屏				
4	数采设备				

（以上价格均含税）价格合计：

附件 5　二次开发服务明细及价格

编号	工作任务	任务描述	人天数量
1	页面修改		
2	流程修改		
3	算法修改		
4	功能修改		

（以上价格均含税）价格合计：

附件6　数字工厂云服务总包项目业务蓝图

客户名称	
项目名称	
文档所有者	

文档版本历史

版本	日期	编制人	说明
V0.1			

一、项目概述

1.1　项目背景

（项目的背景描述）

1.2　项目建设目标

（项目的建设目标描述）

1.3　项目建设范围

（项目涉及的工厂列表描述）

1.4　项目建设计划

（项目建设的时间计划表描述）

1.5　项目落地保障

（甲乙双方项目组人员结构及人员清单和职责描述；甲乙双方项目沟通机制及问题解决方式描述）

1.6　项目质量要求

（项目问题等级描述，质量要求描述）

二、项目架构

2.1 总业务框架

（实现甲方数改要求，总的系统业务框架图描述。可结合乙方已有产品和需增补部分）

2.2 总业务流程

（实现甲方数改要求，总的业务流程图描述。融合甲方现有业务，和优化改进，最终要达到的总业务流程）

2.3 系统权限控制

（实现甲方数改要求，总的系统权限控制体系描述。包括但不限于，登录权限、菜单权限、功能权限、数据权限等）

三、业务部门专题说明

3.1 业务部门—整体业务流程图

（实现甲方业务部门—数改要求，总的业务流程图）

3.2 业务部门—整体业务流程清单

序号	流程名称	流程说明

- 现状说明

（业务现状描述）

- 改进点

（业务改进点描述）

- 未来流程

（目标流程图及描述）

- 流程说明

序号	节点名称	详细说明	岗位

四、需求开发清单

业务部门—需求开发清单

序号	需求点	需求描述	开发人天

五、蓝图审核

5.1　甲方蓝图审核

姓名	职务	签字	日期
	项目经理		
	部门主管		

5.2　乙方蓝图审核

姓名	职务	签字	日期
	项目经理		
	产品经理		

注：项目最终验收以蓝图为参照，项目变更超10%商务需重新评估。

附件7　需求变更确认书

变更方		项目负责人	
服务方		项目负责人	
变更周期		年　月　日—　　年　月　日	

分类	变更内容
软件产品	
流程逻辑	
系统数据	
操作方式	

甲方（变更方）意见：

签章：
日期：　年　月　日

乙方（服务方）意见：

签章：
日期：　年　月　日

附件8　系统部署开通确认书

一、项目基本信息

项目名称		文档编号	
项目经理		系统名称	
部署人		部署日期	

二、部署开通情况

三、甲方（用户）确认说明

四、签字栏

甲方代表		日期	
乙方代表		日期	

附件9 培训确认单

培训主题					
主讲人		日期		地点	
培训内容					
参加人	部门	签到	参加人	部门	签到
培训签字	本人已掌握系统相关操作使用,并可独立操作所负责功能模块。请签字:				
甲方盖章			乙方签字		

附件 10　验收报告

验收方		项目负责人	
服务方		项目负责人	
服务周期		年　月　日— 年　月　日	

分类	验收内容	验收结果
软件 产品		达成□未达成□
		达成□未达成□
		达成□未达成□
实施 服务		达成□未达成□
		达成□未达成□
		达成□未达成□
硬件 产品 （可选）		达成□未达成□
		达成□未达成□
二次 开发服务 （可选）		达成□未达成□
		达成□未达成□
		达成□未达成□

服务方意见：

签章：
日期：　年　月　日

验收方意见：

签章：
日期：　年　月　日

附件 11　验收测试问题清单

项目名称				
甲方		负责人签字		
乙方		负责人签字		
序号	问题类型	问题详细描述	问题日期	提出人

附件12 货物签收单

项目名称					
交货人		联系电话			
收货人		联系电话			

序号	产品名称	规格型号	数量	单价/元	金额/元

收货单位确认收到供货单位提供的以上货物，同意签收。

交货单位代表（签字）：　　　　　　　　收货单位代表（签字）：

交货单位（盖章）：　　　　　　　　　　收货单位（盖章）：

　　　　　　　　　　年　月　日　　　　　　　　　　　年　月　日

附件 13 术语、关键词解释

术语、关键词	解释
合同	包括甲乙双方签署的本合同及其附件，以及在本合同基础上，双方通过书面形式签署的补充合同或补充约定
工作说明书	指乙方根据第 2.2.18 条约定编写的文件，应包括本项目的范围、目标、功能需求、非功能需求、售后服务需求及实现方式、标准等内容
需求变更	由甲方提出修改、增加、删除已达成共识的外包开发内容的行为
源程序	指甲方委托乙方开发的、采用计算机语言编写的电子文件，也称为"源代码"
软件	指用源代码编译生成的、可在合同指定的环境运行的计算机执行文件
资料	指包括技术文档（需求规格说明书、策划方案、设计文档、测试文档、发布说明文档、安装说明文档、用户使用手册、用户培训手册、维护手册）、项目文档（项目计划文档、项目跟踪文档、项目验收报告、项目总结报告）在内的所有与程序有关的文字、图表等印刷品文档及电子介质文件
工作日	指中华人民共和国相关法律法规规定的工作日，不包含法定节假日和休息日
7×24	指每周 7 天，每天提供 24 小时（指从 0 点至当日 24 点的时间段）服务保障
7×16	指每周 7 天，每天提供 16 小时（指从 8 点至当日 24 点的时间段）服务保障
5×8	指每周工作日内提供 8 小时（指 9 点至 12 点，13 点至 18 点）服务保障
现场	系指本合同约定项目执行实施地点

第六章

做样仿样批量式推广新模式

做样仿样批量式推广新模式是仿照数字化工厂的标杆样本，在细分行业中加以批量化快速裂变式推广的方法，以高效实现"系统解决方案"的价值。这种推广模式的好处在于化繁为简、趋同求效，为细分行业中小企业提供一个清晰、可行的数字化转型路径，加快实现中小企业数字化转型的广泛覆盖，提升整个行业的数字化水平。

本章主要阐述做样仿样批量式推广的必要性、内涵与特征、推广的方法与步骤，明确政府、企业、服务商和第三方服务机构的职责及注意事项，实现细分行业中小企业数字化转型"应改尽改""愿改尽改"⊖"三个全覆盖"⊖的目标。

⊖ 《关于开展中小企业数字化转型城市试点工作的通知》（财建〔2023〕117号）。

⊖ 2022年8月23日，浙江省数字经济发展领导小组办公室发布《加快推进产业数字化"三个全覆盖"实施方案》，提出：规上工业企业数字化改造全覆盖、重点细分行业中小企业数字化改造全覆盖、百亿元以上产业集群工业互联网平台全覆盖。

一、做样仿样批量式推广的必要性

中小企业数字化转型是一项系统性工程，点多、线长、面广，具有很强的综合性、交叉性和复杂性。早在 2022 年浙江省就提出"推进规上企业数字化改造全覆盖"⊖，全覆盖的重点和难点在于中小企业。当前中小企业数字化转型覆盖率依然不高，尤其是通过提质增效实现高质量转型企业的并不多，究其原因，是尽管有了不少好的数字化改造转型样本，但是缺少系统性、大规模复制推广的办法。做样仿样批量式推广新模式是一套源于实践、用于实践、大规模推进中小企业数字化转型的系统解决方案。做样仿样批量式推广创新模式可以从三个层面有效突破影响大规模推进中小企业数字化转型过程中的难题。

（一）破解批量式大规模推广难，实现从"长弯慢"到"短平快"的突破

多年推进中小企业数字化转型的过程普遍存在周期长、陷阱多、效率低等"长弯慢"的困境：不仅有"明坑"，还有"暗道"；不仅投入大，而且转型效率和成功率都很低。这是由中小企业自身能力及对数字化认知的局限性所致。实践证明，仅仅依靠中小企业"单枪匹马、单打独斗""各打各的仗、各走各的道"，其结果是思路与做法五花八门，容易陷入局部小打小改，甚至是改了又推倒重来的怪圈，没有形成能统管全局系统性、全域性、高效率的好模式。

为破解上述"长弯慢"的难题，浙江在这几年中小企业数字化转型实践中总结提炼出以"短平快"为特征的"做样仿样批量式推广

⊖ 2022 年 8 月 23 日，浙江省数字经济发展领导小组办公室发布《加快推进产业数字化"三个全覆盖"实施方案》，提出：规上工业企业数字化改造全覆盖、重点细分行业中小企业数字化改造全覆盖、百亿元以上产业集群工业互联网平台全覆盖。

新模式"。

一是推广样本应是"低成本、轻量化""N+X"数字化改造模式打造出来的，具有投入少、历时短、见效快等优势的数字工厂样本。

二是推广模式应由政府主导、统筹、规划并牵头实施，针对区域经济细分行业及企业特性采取"一业一样、一企一案"的方法，辅以政策扶持、机制保障，以大大提升效率与效益。

三是推广方法应运用"试成一批、带动一片"裂变式的低风险方式，依照样本的做法选择牵头总包商、依照"主体文本+附件（'N+X'清单)"签订合同，保障企业做样仿样，避免"掉坑"现象的发生。

四是通过样本的"现场示范"作用提升企业家"我要改"的认知，通过样本的"绩效可信"提升企业家"我要改"的信心，通过样本的"可学可仿"为同类企业树立数字化改造的标杆，帮助企业家厘清数字化改造思路，掌握方法，快决策、快投入、快实施、快收益。

可见，做样仿样批量式推广新模式是基于广大中小企业的现实基础，经过实践检验能推进中小企业数字化转型的有效方法。该模式既能有效解决企业数字化转型中存在的"长弯慢"问题，又能加快整个行业中小企业数字化转型的速度与效率。

（二）破解重"盆景"轻"风景"难题，实现规模化广覆盖的突破

加快普及中小企业的数字化转型是浙江贯彻制造强国战略，以新质生产力推进新型工业化、建设具有国际优势的现代化产业体系的根本任务。近年来，各级政府在这方面做出了不懈的努力，先行培育了一批具有优势的产业与企业，但从推进传统产业转型升级与中小企业数字化转型现状看，尚存在一些亟待解决的问题，主要表现为重视打造大企业数字化转型"盆景"、轻视形成行业中小企业数字化转型"风景"的现

象。一方面，从转型主体看，中小企业对数字化转型的认知、投入资金、储备人才等各方面与大企业存在较大差距，数字化转型要难得多，直接导致大企业参与多、中小企业参与少、行业整体数字化水平偏低。另一方面，从供给侧看，数字化工程服务商热衷于做大企业转型项目，缺少中小企业转型成功案例，加上前期试点也存在"重企业、轻行业"的倾向，大企业案例只能向大企业推广，中小企业学不会、学不来，导致市场上缺乏有效满足中小企业数字化转型的工程服务商。

做样仿样批量式推广模式是聚焦中小企业数字化转型，选择块状经济明显的细分行业，选择有代表性的大、中、小型企业作为试点，通过试点培育样本，组织行业内企业做样仿样推广的一种方法。做样仿样批量式推广是由政府牵头，协同多方全方位构建全过程的服务保障机制，因而打造样本过程中形成的行业知识与经验更能实现共享，打造的样本更便于模仿与推广，已从"单企业转型试点自发学样"阶段转向由政府牵头的"整个行业转型试点批量式推广学样"阶段，从而实现从"盆景"到"风景"的突破。这有利于快速推进整个行业数字化转型的广泛覆盖，有利于促进现代产业集群的建设与发展。

（三）破解服务商"碎片服务"的弊病，实现"系统化服务"的突破

当前，在中小企业数字化转型过程中，数据孤岛是一个常见的问题。数据孤岛指的是在企业内部或不同企业之间，由于系统、技术、管理等方面的隔阂，导致数据无法有效共享和整合，形成孤立的数据库或信息孤岛。这种现象会阻碍数据的流通和利用，影响决策的效率和质量，限制了数字化转型的潜力。在推进新型工业化过程中要避免数据孤岛的发生，充分发挥数据要素在新型工业化中的价值与作用，促进数字经济和实体经济的深度融合，推动经济的高质量发展。

　　大规模推进中小企业数字化转型必须解决好数据孤岛这个问题，除了企业要主动推动组织变革，建立跨部门的协作机制外，工程服务商也必须要有系统服务集成能力，解决不同系统和平台之间的互操作性问题。当前，缺少能有效匹配中小企业转型的数字化工程服务商，缺少能快速推进中小企业数字化转型的途径与方法。鉴于自身认知和能力明显不足的现状，中小企业迫切希望由一家总包商牵头以"交钥匙"工程方式来实施数字化转型，并通过由易到难、由点到面、长期迭代的方式推进。从供给侧看，多数总包商相对愿意接大单子、服务大企业，对中小企业数字化转型仅提供 ERP、MES 等通用性产品，容易出现数据孤岛的"碎片化服务"，导致实用性差、效果不佳；多数小工程服务商由于自身能力所限，只能提供"碎片化服务"，很难提供企业满意的系统解决方案。

　　做样仿样批量式推广模式是由政府主导，运用市场化手段，从"试成一批"到"推广一片"的快速推广方式，除实现了试点示范向整个行业裂变式推广还让工程服务商有批量式接单的可能，开辟了一种新的商业模式。"批量式接单"既吸引了一些大的总包商关注并愿意切入到具有较大潜力的细分行业中小企业数字化转型市场，又让成长型中小工程服务商敢于聚焦自己擅长的某个细分行业，敢于集中优势资源去打造合格的样本。

　　可见，做样仿样批量式推广为工程服务商创造了批量式接单的商业新模式，有助于提升工程服务商从"碎片服务"到"系统服务"的信心与能力，有利于数字经济供需两侧的深度融合互促共赢发展。

二、做样仿样批量式推广的内涵与特征

（一）做样仿样批量式推广的内涵

　　做样仿样批量式推广新模式是一套源于实践、指导实践大规模快

速推进整个行业数字化转型的有效方法。该模式推广的主要内容是数字工厂样本及打造数字工厂所采用的一系列系统解决中小企业数字化转型难题的解决方案。

一是推广数字工厂样本。该模式推广的是基于"低成本、轻量化"的"N+X"数字化改造模式打造出来的数字工厂样本,具有投入少、历时短、见效快等优势,易于理解和模仿,可以有效降低企业数字化转型的心理门槛,帮助中小企业下定决心实施数字化转型。

二是推广牵头总包实施模式。该模式推广是由一家服务商牵头规划设计、建设与交付、操作技能培训和工程质量保障的牵头总包方法,可以有效解决数据孤岛和系统集成难问题,以"交钥匙"工程方式帮助中小企业顺利完成数字化转型。

三是推广云化系统服务模式。该模式推广的是由一家牵头总包实施的云化系统服务,通过云平台服务+"小快轻准"的用云服务新模式,可以有效帮助中小企业以较低成本实现上云用数,实现数据要素价值化,用数据驱动业务发展,帮助企业实现提质增效。

四是推广示范合同样本。该模式推广的是在打造数字工厂及系统用云服务样本基础上总结提炼出来用于同行业批量式推广的合同示范样本,该示范合同以通用条款+专用条款及附件("N+X"清单)为核心内容,明确权利与义务,为甲乙双方提供照样可用、照本可签的样本,可以有效解决数字化转型合同签订难、维权难的问题,降低合作风险。

五是推广系统解决方案。该模式推广的是一种系统性解决方案,是由政府牵头,多方协同,构建全方位全过程的服务机制,确保各方职责清晰,助力批量式推广高质量实施,实现样本裂变式推广,从而快速推进整个行业中小企业数字化转型。

（二）做样仿样批量式推广的特征

一是裂变性。裂变性是批量式推广模式的核心特征，快速推广是批量式推广的灵魂。政府通过组织现场会等途径推广数字工厂等示范样本，实现在更广泛的范围内安全有效地快速复制和应用。这一特征主要体现在可快速复制样本经验，使试点的成果短时间内在一个行业多个企业或跨行业跨区域系统性复制推广应用。之所以能实现快速裂变是因为：第一，推广样本已经验证了模式的可行性和有效性，后续的推广活动可以有效降低失败的风险，增加企业采纳新模式的信心。第二，随着越来越多的企业加入推广活动，牵头总包商可以实现规模经济，摊薄研发投入并持续优化场景应用，样本会越来越完善，既可以降低转型成本，又可以提升转型效率。第三，因政府牵头组织，对试点企业及推广企业给予一定的政策支持和经济补贴，试点和推广中形成的行业知识和经验都可以实现共享，试点企业的成功经验和教训可以为其他企业提供宝贵的参考，试点及推广中形成的新理念、新技术和新方法能够迅速传播到其他企业，让更多的企业和资源力量参与数字化转型，形成强大的推动力，加速转型进程，促进整个行业的发展。

裂变性特征体现了批量式推广的灵魂，通过做样仿样及仿样创新样，实现样本推广效果的快速放大和扩散，为快速推进中小企业的数字化转型提供了有效的路径。

二是易仿性。易仿性特征是批量式推广的基本特征，样本具有很强的可操作性和易于理解的特点，不仅便于企业参照样本进行模仿和实施，还提供了标准化操作流程、系统化批量式推广方法，为政府、为工程服务商、为第三方智库都提供了明确的行动指南。易仿性特征要求样本必须是高质量的，确保其他企业能够清晰地理解数字化转型的过程和要点，包括实施步骤、解决方案和取得的成效等。易仿性需要通过现场参观、经验交流等多途径让企业既直观又全面地了解数字化转型带来的积极变化，增强企业模仿和采纳的信心，降低企业在技术、管理和资金等方面的门槛，使得中小企业更能下定决心参与到数字化转型中来，"隔壁有样、不用算账"。

易仿性特征体现了批量式推广为企业、为政府提供了一条清晰的路径，让中小企业数字化转型的实施变得简单、快捷，从而加速了整个行业或领域的数字化水平。

三是普适性。普适性特征是基于推广样本解决了行业的共性痛点和需求，对所推广行业数字化转型的流程工艺、生产机理和场景痛点堵点等有了较深的理解和经过实践检验的解决方案，对行业内的多数企业转型具有较为普遍的适用性。同时，基于是政府牵头组织，样本企业转型过程中形成的专业知识和技术经验能凝练成行业内转型的样本规范，包括企业转型的场景及解决方案、培训知识库、合同签订时的权利与义务等都能供未来企业在推广活动中参考使用，帮助其他企业更好地理解和应用行业的最佳实践，有利于推广活动的便捷与可持续，促进企业和行业的持续发展。

普适性特征体现了批量式推广能够更加精准地服务于特定行业，推动行业内企业共同进步，提高整个行业的竞争力，为打造现代化产业集群实现高质量发展奠定良好的基础。

四是系统性。批量式推广的系统性特征，也可以理解为协同性特征，是在推广落地过程中非常重要的特征。一套系统化的解决方案和方法论能否顺利快速地被推广应用，有没有系统性的协同保障是非常关键的。第一，批量式推广是政府牵头组织，不是一种自发学习，是有组织、有计划、有控制的推广活动，需要协调企业、服务商、智库等各方协同推进。第二，批量式推广不是一次性的推广活动，而是持续的多次推广，推广过程中需要持续跟踪和评估。通过收集反馈数据，及时对推广效果进行评估，结合评估结果对照样本内容进行优化升级。第三，批量式推广有全过程的服务保障，如督促整合资源共享知识库，引入第三方监理，帮助协调项目实施过程中可能出现的分歧，严格把关做好验收，确保推广活动有效落地，降低推广过程中可能出现的风险，以确保推广活动的顺利进行。

三、做样仿样批量式推广的实施方法

做样仿样批量式推广新模式的核心内容是试点示范做样本、复制推广用样本，灵魂是推广快，目标是快速裂变推动整个行业数字化转型的广泛覆盖。

（一）做样仿样批量式推广的步骤

1. 选定推广样本

高质量的样本是做样仿样批量式推广新模式的前提和基础。从试点验收通过到组织召开推广大会，一般要经过 3 个月左右的准备时间，需要重点做好 3 件事：一是从试点企业中确定要推广的数字工厂样本；二是组织专家对牵头总包商及其实施试点项目做出评价，包括数字工厂改造及系统云化服务成效评价；三是组织专家会同牵头总包商、企业提炼细分行业的数字化转型示范合同，作为批量式推广的样本合同。

政府委托专家智库把好数字工厂质量关，具体由智库会同工程服务商，根据转型成效及企业代表性从试点企业中选择数字工厂样本企业。数字工厂样本企业选择要注意三点：一不是所有的试点都能成为样本；二是样本企业家数不少于三家；三是样本要能体现转型的成效，用绩效数据说话。数字工厂样本企业须满足"现场可看、绩效可信、样本可学"三个特征，代表不同规模类型企业。

政府委托智库专家对包括工程服务商在内的样本做出公正客观的评价，重点跟踪初选样本的运行数据，大会推广前完成对样本企业运行状态、实施成效等多维度的绩效评价，并对牵头总包商工程能力做出一个公正客观的评价陈述。

政府把好示范合同样本关。智库专家受政府委托会同牵头总包商及综合多家企业试运行的基础上，反复提炼"N+X"附件清单内容。共性场景"N"项内容须以打通主数据为前提，以基本解决行业内70%~80%左右的数字化转型应用场景为基础，明确应用模块、实施价格及配套硬件、验收标准、实施工期等合同要素。

2. 制定推广方案

组织做好做样仿样批量式推广方案是顺利推广的保障，也是达成推广目标的基础。推广方案要注重细节，关注样本的可看可信可推性、政策引导推动性、快速复制全面推广的有效性等。方案要在剖析细分行业现状的基础上制定，整体规划，分步实施，明确推进行业数字化转型的整体目标和阶段目标。方案应包含出台专项支持政策，比如针对该行业数字化转型政府是否需要聘请第三方参与监理及验收，并出台补贴政策。方案要把好推广内容质量关，坚持样本不过关不推广。方案执行的重点是"一会二参三保障"。"一会"：由政府主导召开的现场推广会，统筹部署全域推进。"二参"：一是组织集体参观试点样本企业，由样本企业与工程服务商现身说法"解样析样"；二是开展小范围企业对口参访，互动互学对症下药。"三保障"：一是培训先行夯实思想保障；二是建立联动推进工作机制，协同做好组织保障；三是明确推广大会之后持续抓落实抓优化的具体举措和公共服务保障。

现场会方案准备是做样仿样批量式推广模式执行落地的重点。现场会如何开出氛围、开出信心、开出动力，需要精心组织，调动企业、牵头总包商及专家智库共同参与，才能放大样本的示范引领效应，是做样仿样批量式推广能否有效落地的关键所在。现场会由政府统一组织，包括现场参观样本企业和大会交流学样推广，一般是现场参观在前、交流大会在后。小范围"互看互学"的交流研讨会是由牵头总包商或行业协会、专家智库不定期组织，时间形式多样，是推广大会的延续和补充。现场会组织准备工作包括但不限于：①细分现场会方案细节，如明确发言单位和要求；②制定批量式推广政策；③把关现场交流大会交流材料；④把关样本企业参观路线踩点、现场布置及讲解脚本。

政府要重视现场会交流材料质量关。政府委托智库专家对各方发言材料进行必要的审核。材料既要紧扣主题、突出重点，又要前后内容协同、避免重复；要用数据说话，并确保数据严谨科学。必要时可提前安排发言试讲，确保发言内容精准，有效切中企业家心坎。

样本企业的现场布展及讲解脚本质量同样重要，需要总包商与企业共同把数字化改造动作、实施要点及绩效数据讲清楚，把数字化改造经验体会融入讲解脚本，既要讲出数字化改造成效，又要通俗易懂。

3. 精心组织实施

做样仿样批量式推广以大规模的现场会为主，以小而精的"互看互学"交流研讨为辅。做样仿样批量式推广现场会标志着做样仿样推广进入了一个新阶段，不管是推广前的"打造样本"，还是现场会后的"用好样本"，都需要政府牵头、协调、把关。

一是参观样本企业。参观样本企业要提前做好路线设计、样本企业现场布展和参观讲解三项工作。参观路线设计要提前踩点组织路演，如果参会人员比较多，可考虑分批分时段交叉参观，每批次参观人员不宜过多，宜控制在 40 人以内，否则会影响参观效果。要提前对参观路线、路上交通时间、样本企业产线路线设计及参观停留时间等进行测算，以便统筹安排。样本企业现场参观内容主要包括布展数字化转型介绍、数字化看板大屏及数字化产线。这三块内容都需要准备好讲解内容，考虑到企业生产环境等各种因素，除了配置必要的耳麦，企业还要想办法把车间生产环境对参观的影响降到最低，通过视觉、听觉、系统图表等各种手段呈现成效数据对比、做法对比、老旧环境对比，用简洁明了通俗易懂的语言把数字化改造内容讲清楚，用科学准确的数据把数字化改造成效讲清楚，从而让参观者现场可看、听有所得，让同行企业看得到、听得懂，增强改造信心与动力，提高参观的效率与效果。

二是大会交流经验。现场会目标是非常明确的，要开出氛围、展现样本、放大样本示范引领效应，激发企业家的内生动力，下定决心加快进数字化转型。大会交流主要内容包括但不限于领导动员讲话、政府介绍做样仿样开展情况及下一步批量式推广政策、总包商介绍实施做法与经验（重点剖析"N+X"清单样本）、样本企业代表谈过程体会及取得成效、智库专家公正评价样本及确保全过程做好咨询服务的做法等必备内容。大会交流的作用是进一步提升认知，认准数字化转型是趋势方向，看样学样、分类学样，隔壁有样、不用算账，清晰实施的路径与做法，加快推进整个行业企业数字化转型的步伐。

三是小而精"互看互学"。中小企业对数字化转型的认知提升有一个过程，需要持续不断地进行动员。现场会前后，总包商还应通过主动邀请行业协会、非试点企业，小范围多批次地开展参观学习、座谈交流、沙龙互动、集中专题培训等形式多样的互看互学活动。小而精的"互看互学"交流活动优点突出，时间灵活，便于组织，因人少而便于深入沟通、互动交流，能让非试点企业对轻量化数字化改造模式及成效有一个更深入全面的了解。会前可以更好地营造氛围，会后可以持续扩大现场会影响力，通过口碑传播，激发企业数字化改造的内生动力。例如，江山市木门行业在全市现场大会之后，每月组织一次"互看互学"小型现场会，人数一般为20人左右，举办地点为样本企业。这种小型现场会主要是邀请同行企业的企业主、技术副总、车间主任等，其中，请样本企业企业主、管理人员、车间主任、操作工等现身说法，用大家听得懂的语言谈感想，并用图文并茂的形式介绍数字化改造前后的变化；请工程承包商现场教学，介绍什么是数字化改造、有什么好处、需要什么样的准备条件；请政府相关部门人员解读数字化改造扶持政策，回答企业问题，介绍数字化改造误区，让企业少走弯路、少交学费。这种小而精的"互看互学"小型现场会效果良好，企业之间的交流更加深入，是现场交流大会的有益补充。

总之，现场会一定要开出信心、开出动力，让参会企业家见有所得、心有所获、样有可学，会后即能下定决心踊跃申报参加数改，加快推进整个行业数字化转型。

4. 全程服务指导

现场会后，政府相关部门要广泛关注做样仿样推广成效、强化科学指引、深化转型认知、凝聚工作合力，为顺利实现批量式推广目标保驾护航。

一是持续优化服务保障。鉴于中小企业数字化转型认知提升有一个过程，推广会后仍不能让扩面企业"单枪匹马"干，仍需政府协同各方助力指导。根据推广会前制定的推广方案目标，经信部门要持续提升政策宣传、资源对接、平台支撑等公共服务能力，强化数字化人才培训，配套金融支持，确保推广目标顺利实现。

二是提升批量式推广成效。经信部门组织智库专家全面、全程协同各方做好咨询服务，动态跟踪现场会落地情况，准确评估现场会后实施效果，指导解决推广落地过程中出现的新问题。总包商也要根据中小企业差异化需求，充实力量，持续丰富转型产品服务内容，提升产品服务的针对性和有效性，抓实抓细把批量式推广落到实处。

三是重视总结提炼创新样。批量式推广不仅要做好组织保障确保"做样仿样不走样"，还要营造"做样仿样创新样"的基础与氛围，重视阶段性评估总结，及时组织"回头看"，不断优化中小企业数字化转型的方法路径、市场机制、典型模式。数字化转型是一个渐进发展、螺旋上升的长期过程，一方面要引导先行先试企业持续深入推进数字化、智能化的迭代升级，勇创新样确保领跑优势；另一方面要加强对典型应用场景、标杆企业做法、成熟行业经验等进行提炼总结和再推广应用，不断提升中小企业数字化转型工作质量与成效。

（二）做样仿样批量式推广活动各方的主要工作

在做样仿样批量式推广中，政府、企业、工程服务商和智库四方各有不同的工作职责。

1. 政府的主要工作

做样仿样批量式推广是一个系统工程，政府在做样仿样批量式推广活动中发挥着总策划、总牵头、总协调的主导作用。首先，做方案。要牵头建立一套有计划、有组织、有控制的各方协同推进的工作机制和推广方案，明确各方主要工作及协调互补工作。其次，出政策。及时出台针对性强、实用性高、精准有效的扶持政策和服务保障举措，为数字化转型提供政策支持和引导；提供针对行业的专项财政补贴、税收优惠等激励措施，降低企业转型成本。从浙江省已经实施的几个行业看，在样本打造完成后，一般分多次推广，政府从样本到各次推广的政策补助比例采取退坡机制。比如，试点补贴70%，第一次推广补贴降到50%，第二次推广补贴降到40%，第三次推广补贴降到30%，从政策上引导企业尽早下定数字化改造的决心，早改早获益。第三，搭平台。组织召开推广大会和样本参观等活动，协调各方资源，确保推广活动顺利进行，创建公共服务平台，提供信息交流、技术支持等服务。第四，抓落实。组织"回头看"，监督推广过程，确保推广质量和效果，及时对推广成效做出评估并调整优化推广策略。

政府布局搭台召开现场会是一场重头戏，会上要引导各方沟通交流，激励各方积极参与，发挥政府牵头方、企业需求方、数字工程和云服务商总包方和智库服务方四方的作用，各司其职，协同配合，发挥各自优势，协调保障举措，落实包括批量式推广前准备、推广活动现场组织及推广后抓跟进抓落实等环节。现场会政府要把好样本关、参会人员关、材料质量关"三关"。

2. 企业的主要工作

企业是数字化转型的主体，是数字化改造的具体实施者，又是数字化改造的最终受益者。首先，样本企业做好大会发言及现场参观布展与讲解。其次，行业内推广企业最重要的工作就是"一把手"要提前安排好时间，亲自参加批量式推广现场会，通过现场会交流和样本企业参观，从思想上认清数字化转型是企业的一项战略变革，也是企业持续发展的一项必然选择，行动上通过做样仿样找到一套适合企业数字化转型的有效路径与方法。

3. 牵头总包商的主要工作

牵头总包商在批量式推广活动中的主要工作是全面展示其所实施样本的成效。现场会上推广数字工厂样本就是在推广牵头总包商对样本企业改造做法与成效的展示，就是对总包商数字化改造经验做法的全面总结与推广。因此，牵头总包商要集中资源全方位参与，全力以赴配合政府保障现场会各个环节。一是协助样本企业准备现场参观内容，重点做好数字化转型成效布展，以及参观者在驻留布展、大屏及产线这三块讲解内容的准备；二是做好现场会的交流发言，要站在企业的角度把企业的关注点讲清楚，不仅要用数据展示数字化改造成效，还要实事求展示自身总包的服务能力，并就如何打造出高质量的样本做一个介绍，既可提供以"N+X"为主要内容的系统化解决方案，还可根据企业的具体需求提供定制化的数字化解决方案，让企业家们相信不仅能做样仿样，还可以"仿样创新样"。

4. 智库的主要工作

智库专家受政府或企业委托全方位参与现场会的组织协调，除了协助政府做好方案策划、样本选定、材料把关、后续评估工作，还要在推广大会上做好以下主要工作：一是做好大会发言，发言要客观公正，做好科学评价与正确引导。二是接受政府或企业委托，组织开展做样仿样及案例解读培训，或通过发布报告、组织研讨会等方式，共享数字化转型的知识和经验，让企业家感到数字化转型决策不再难、系统集成不再难、系统服务不再难、签订合同不再难，解除企业转型的后顾之忧，提升企业的数字化能力。三是接受政府或企业委托对实施推广企业数字化项目工程的监理、验收及推广样本的再提炼。四是持续跟踪做好行业趋势、政策环境、市场需求等方面的研究与分析，为政府和企业提供基于研究的战略建议和决策提供支持。五是推广活动全面展开后，智库还可能受政府委托，建立有效的跟踪和评估机制，定期检查推广效果，及时调整和优化推广策略；适时识别和评估可能的风险因素，制定相应的风险管理计划和应对措施，确保推广活动顺利进行。

浙江省智能制造专家委员在推进该省细分行业数字化转型活动中，作为第三方智库组织在部分传统行业产业升级改造中发挥了关键作用。智库专家作为政府助手、企业帮手、工程服务商推手，全过程把好批量式推广样本质量关、大会材料关、总包商评价关，同时协同做好推广前、推广中、推广后的全程服务，积极配合政府协调各方形成工作合力。

四方的紧密合作和有效协同是做样仿样批量式推广成功的关键。政府的引导和支持、企业的积极参与、工程服务商的专业服务及智库的智力支持，共同形成了推广活动的坚实基础。通过明确分工和职责，各方可以发挥各自优势，形成合力，推动数字化转型顺利实施。

（三）做样仿样批量式推广注意事项

下面从政府、企业和工程服务商三个角度阐述批量式推广活动中的注意事项。

1. 时间服从质量，样本不成熟不推广

政府应特别重视样本的打造，推广的样本必须是高质量的，能够真实反映数字化转型的成效。样本的选择应具有代表性，确保能够覆盖不同规模和类型的企业。样本质量不过关，不能强行推广。政府主管部门务必要认识到这一点，时间服从质量，不是所有试点都能成为推广样本，否则容易适得其反，影响推广效果。

2. 领导挂帅，注重培训，全员参与

企业在推广过程中，领导要亲自挂帅，成立工作专班，全员参与，特别是要加强骨干员工数字化理念及全员新流程操作相关的培训。"一把手"要提高站位，以精益管理为基础，以此为契机实施企业管理体制配套改革，及时推进企业内部组织重构、体系重塑，确保员工的积极参与和组织的顺利过渡，攻坚克难，边改边学，同步培育数字化骨干人才。

3. 处理好标准化与定制化的关系，提升推广方案的适用性

牵头总包商尽管已在前期样本打造过程中积累了一定的行业经验和知识，但在同一个细分行业，仍存在较多生产流程工艺、精益管理基础、原有数字化基础及企业主及员工认知的众多差异性，推广过程中一定存在样本的适用性问题。这就要求牵头总包商注意以下三点：

一是处理好标准化与定制化的关系。根据不同企业的特殊需求，持续投入资源，进行个性化的调整，以更好地适应各类企业的具体情境，确保推广方案的适用性。

二是建立有效的反馈机制。要收集来自企业、市场和用户的数据和意见，将其作为持续改进的依据。根据实际效果和参与者的反馈，及时总结每一批推广的经验教训，鼓励用户参与和提供反馈，不断改进产品和服务，更好地满足市场需求。

三是在推广过程中，随着新技术的不断出现，要不断探索新的推广方法和工具，不断地对推广的方法和内容进行评估、优化，不断地适应市场和技术发展需求变化，实现样本的迭代升级，始终保持样本活力和适应性，推动企业和行业的持续发展和创新。

中小企业数字化转型是通过数字化解决方案改造和优化其业务流程、产品和服务、商业模式的过程。数字化转型目的是提高企业的运营效率、增强市场竞争力、创造新的增长机会，并最终实现可持续发展。从近几年的实践经验规律看，中小企业数字化转型是一个从易到难、由点到面、长期迭代的过程，数字化转型永远在路上。

做样仿样批量式推广模式尤其要遵照以上规律。样本的选择与打造要结合行业特性与实际情况，优先推动数据资源采集和汇聚，优先应用成熟的数字化产品服务满足基础共性需求和行业特性需求，优先从基础扎实、潜在价值高的环节切入，再逐步扩大数字化在业务环节和管理环节的覆盖范围，实现数据贯通和业务协同，挖掘数据价值，逐步提升企业数字化认知和能力，不断满足企业个性需求。随着数字技术在研产供销服用等各环节的不断深化应用，政府要引导数字工程服务商不断提升服务能力，加快发展数字产业化，助力中小企业专精特新发展，加快构建以先进制造业为骨干的现代产业体系，实现从传统块状经济向现代产业集群的提升，从制造大国向制造强国的转变。

附 录

附录A　××市关于开展做样仿样批量式推广参考方案

为进一步加强××行业中小企业数字化转型稳质提速高质量发展，推广好"试点示范做样本，复制推广用样本"，确保"××行业数字化转型试点有组织的批量式推广"的有效落地，特制定本方案。

一、活动目的

运用"中小企业数字化转型系统解决方案"方法论在我市落地实践，全面在××行业中小企业数字化转型落地实施，系统剖解企业数改中的痛点和难点，重点推广以打造优质样本为首要任务破解转型决策难、以选好总包商为关键一招破解系统集成难、以云化系统服务为有效手段破解系统服务难、以凝练标准合同为实施保障破解合同规范难、以批量式推广为价值体现破解裂变式推广难五大模式。做样仿样批量式推广的核心内容是"试点示范做样本，复制推广用样本"，灵魂是推广要快，目标是快速裂变推广，推动××行业规上企业"应改尽改"、规下企业"愿改尽改"。

二、活动主要阶段

从试点打造样本、复制推广样本到实现行业内企业数改全覆盖，完整周期计划持续三年左右时间，分三个活动阶段。

第一阶段：打样准备阶段。202×年××月××日—202×年××月××日，时间不少于三个月。

第二阶段：试点实施阶段。202×年××月××日—202×年××月××日，时间不少于六个月。

第三阶段：推广样本阶段。202×年××月××日—202×年××月××日。

三、工作主要安排

（一）打样准备阶段

此阶段的工作应包含但不限于：

1. 确定试点行业。政府和经信部门要找准重点试点行业，制定行业整体数字化改造方案，制定一套扶持政策。

2. 确定试点企业。经信部门牵头组织专家指导组、行业协会等通过政企双向选择的办法筛选试点企业，注意要明确试点企业条件及代表性。

3. 公选总包商。经信部门组织公选总包商，组织供应商对选定行业进行调研诊断，各供应商根据调研提出轻量化低成本的"N+X"的初步方案。经信部门牵头组织中小企业、专家全面听取供应商的专题诊断报告、行业解决方案及以往的实践案例，从中选出若干总包商，并由中小企业自主择优总包商洽谈签订合同。

（二）试点实施阶段

此阶段的工作应包含但不限于：

1. 做实企业解决方案。经信部门组织试点企业与总包商对接，试点企业成立数字化改造专班，根据企业的痛点、堵点，总包商进行全面系统深入的摸底诊断、收集数据资料，了解企业生产经营机理、流程、工艺等，与企业共同编制解决方案，包括改造内容及费用、预期效果和投资回收时间、改造实施时间、双方权利义务等，并同步对企业进行实施前培训辅导。

2. 评审完善实施方案。政府组织第三方包括但不限于相关部门、专家组、行业协会代表召开方案咨询审查会议，逐个听取试点企业解决方案（供应商和企业都讲），对照样本基本要求逐个评价并提出改造的共性内容完善意见。

3. 签订工程实施合同。试点企业与牵头总包商将解决方案转化为工程合同，政府聘请第三方实施监理机制，同步签订监理合同，工程合同签订前由监理方全程审核把关，两个合同都要向经信部门正式报备。

4. 各方全程跟进工程实施。牵头总包商实施数字化改造，并组织实施应知应会培训。第三方监理及专家指导组同步协同供需双方解决数字化改造中出现的新问题新需求，确保工程顺利实施。

5. 供需双方完成工程验收。按合同约定供需双方完成工程交接验收，牵头总包商要提供应知应会培训手册，企业对完成情况做出评价，政府联合专家联合评审，评审通过则按政策给予补助，不达标的继续整改。

（三）推广样本阶段（政策另文下发）

此阶段的内容应包含但不限于：

提炼"N+X"选定样本：20××年××月××日—20××年××月××日，时间不少于三个月。

第一批复制推广：20××年××月××日—20××年××月××日，推广企业不超过20家。

第二批复制推广：20××年××月××日—20××年××月××日，推广企业不超过30家。

第三批复制推广：20××年××月××日—20××年××月××日，规上企业"应改尽改"、规下企业"愿改尽改"，基本实现全覆盖。

每批复制推广时间安排三个月工期（具体视行业特性及共性应用场景的工程量的多少，享受当期推广补贴政策最长延期三个月内完成功能性验收），每批复制推广企业家数一般随着总包商服务能力的提升而逐渐增多，目标是两年内实现规上企业数字化改造全覆盖。

1. 确定候选样本。根据联合评审情况，从试点企业中选择确定样本企业（不是所有试点都能成为样本）。

2. 梳理 "N+X" 总结提炼样本。经信部门组织专家对多家试点企业潜心总结，认真梳理 "N+X" 功能清单，并不断优化提炼出数字化工程实施合同样本。

3. 明确推广批次和政策。经信部门梳理提炼样本后，根据总包商服务能力及企业意愿情况确定推广批次，并根据整体数字化改造方案政策，进一步优化扶持政策及完善服务保障。

4. 组织大会推广。政府牵头组织现场参观样本企业、大会交流学样推广及不定期开展小而精的 "互看互学" 现场会。

5. 抓好抓实学样落地。现场会后，经信部门牵头继续关注学样推广成效、强化科学指引、深化转型认知、凝聚工作合力，为顺利实现批量式推广目标保驾护航。

附录 B　××样本企业现场展板参考方案

现场布置的展板对现场参观者要有一个非常直观的展示，也是数字化改造项目实施路径、方法、成效对比等呈现的一种方式。展板一般包括两类。

一类是样本企业数字化改造的整体情况介绍，包括企业介绍、项目介绍、项目实施概述、成效指标等，可以安置在参观人员首先到达的车间入口处，可以做一个大型展板，也可以分几块展板并排集中展示。模板示意如图 6-1 所示。

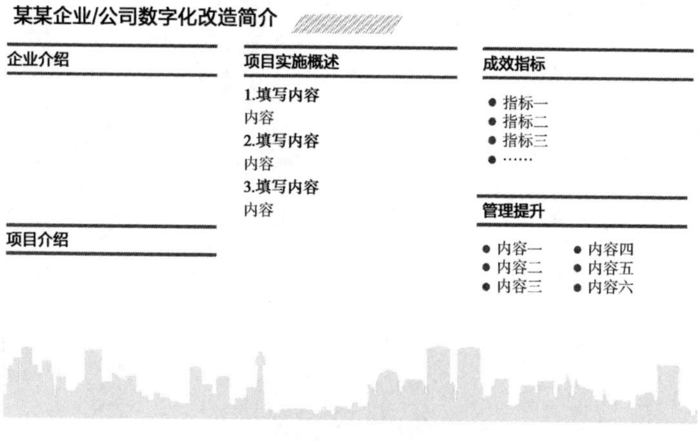

图 6-1　样本企业数字化改造的整体情况介绍模板

另一类是分场景展板，如质量管理模块、库存管理模块、采购协同管理模块、报工报检模块、排产车间管理模块等，每个模块对应一个展板，分布在车间对应现场比较宽敞的地方，便于参观人员边听讲解边驻足作进一步了解。此类展板应包含对应场景改造前痛点问题、改造场景、改造成效、改造后应用展示等内容，模板示意如图 6-2 所示。

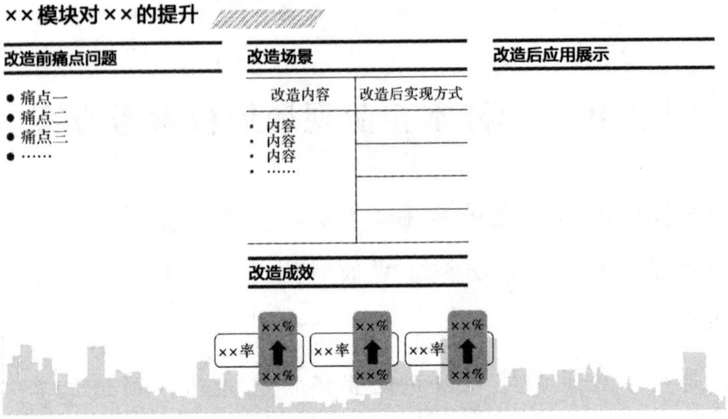
××模块对××的提升
改造前痛点问题
痛点一
痛点二
痛点三
……
改造场景
改造内容
改造后实现方式
内容
内容
内容
……
改造后应用展示
改造成效
××率
××%
××%
××率
××%
××%
××率
××%
××%

图 6-2　分场景展板模板

第七章

案　例

在实践中探索、在探索中创新是中小企业数字化转型系统解决方案的显著特征。实践是基础，创新是关键。本章从典型性、可借鉴性与价值性的角度出发，按照形成系统解决方案五种创新模式各阶段的轨迹，选择浙江省部分重点县（区、市）细分行业中小企业数字化转型案例，介绍从细分行业中小企业的数字化改造入手快速有效地推动数字化、智能化转型的做法与经验。随着企业数字化转型的深入发展，这些案例还会持续从实践创新的角度充实新的内容、实现新的突破。

案例一　新昌县轴承行业中小企业制造方式数字化变革的探索与实践

2017—2019 年，新昌县轴承行业以制造方式数字化变革为突破口，开展"轻量化改造+仿样学样批量式推广"的探索，为形成中小企业数字化转型系统解决方案奠定了基础。

一、背景

在中小企业大面积推广智能制造是一个世界性难题。德国提出"工业4.0"已有近 5 年时间，但该国绝大多数中小企业的面貌依旧未变。我国的数字化建设基本是围绕央国企等大型企业及上市公司，且以投资上亿元的新建数字化工厂为主，而数量占到 97.4% 的中小企业的数字化转型工作仍然处于无处着力的状态，特别是制造业中小企业制造方式的轻量化投资改造尚无成型、有效、成套的方法与经验。推进中小企业制造方式的数字化，既要面对企业如何维持日常生产及生存的问题，又要面对如何低成本高效率解决"聋哑盲"设备的数字化改造、生产线上异构数据与"多代、多厂"设备的互联互通问题，还要面对企业缺乏数字化应用人员等一系列问题。

浙江省委省政府对传统制造业进行转型升级的决策部署的重点目标是数量占 98% 的制造业中小企业。新昌县轴承行业先后经历了"以小台车取代六角车床""以钢管替代棒料钢材"两次革新，以"低成本优势"创造了轴承行业 40 多年的辉煌。新昌县在产业高峰时期共有轴承企业 1500 多家，从业人员达 4 万多人。2017 年，新昌县有轴承企业近 400 家，从业人员 3 万多人，大部分企业利润率比"刀片"还薄，有的企业甚至处于亏损状态。新昌县轴承行业迫切需要进行第三次革新，从"低成本竞争"向"高质量和高效率"的数字化制造方式转型。为此，新昌县紧紧抓住浙江省传统产业转型升级试点机遇，向轴承行业发起了数字化制造方式变革的攻坚战。

二、做法

新昌县委县政府果断决定以制造方式的数字化变革为突破口，从切口小、成本低、见效快入手，开展轻量改造、样本示范、"仿样学样"复制推广的试点探索工作。

（一）以制造方式数字化变革方式，破解生产过程数字化系统集成难（数据主线的构建）的难题

在制造方式数字化变革以前，工厂就是一个"黑盒子"。针对该问题，新昌县从设备与生产线的数字化改造入手。一是在"盲聋哑"设备的数字化改造方面，主要对 A 类和 F 类网关进行改造。A 类网关主要是通过采集设备 IO 点信息进行相关应用运算实现数据采集。F 类网关主要通过传感器结合算法进行数据采集，比如电流传感器、振动传感器等，在此基础上实现产线业务数据的互联互通。二是着力推动从物料、半成品到成品的生产全工序全过程的数字化，其模式是"数字化工单+全工序的数据采集"。每道工序的数据通过员工扫码或者工位机填报，实现相关数据的全采集，包括该道工序加工人员姓名、生产设备及产线、生产时间、加工车间、工艺规范及操作等，为订单进程可视化、工资按件计酬奠定数据基础。三是从来料、半成品到成品的质量检验检测实现全过程的数字化，即通过"人工填写质量

检验检测单+质量检验检测设备自动采集"的方式,实现产品质量数据的全面可查询、全程可追溯。通过上述三项数字化系统变革集成,实现了生产全过程的数字化转型。

（二）以轻量化投资改造方式,破解对生产方式数字化变革投不起、投不好、回收慢的困惑

针对企业家担心投入大、回收慢、工厂一次性全面数字化改造与订单按期交货的矛盾,新昌县充分尊重企业的自主权,不求好看求实惠,把目标锁定在性价比最高的制造方式数字化变革上。一是采用只装 TM-e 微智造系统、暂不更换机器设备和基本不改变业务流程的低成本可快速实施的办法来推进。二是采用扫码、人工填报、设备加装网关等低成本方式采集相关数据。三是通过奖励按时按规则扫码或填报数据的现场操作工确保入口数据的准确性、及时性、全面性。四是采用分批次对生产设备进行技改的方式,使企业保持相当比例的设备与产线正常生产,从而保证企业订单完成、客户稳定与数字化改造"两不误"。五是政府对投资额在 10 万元以上的信息化应用项目,按项目实际完成信息化设备和软件投入总额的 15% 给予补助,大大降低企业首批数字化技改的投资额,缩短投资回收时间。2019 年,已验收的 82 家中小制造企业制造方式数字化变革的投资平均成本为 23 万元,1 年之内就收回投资。SL 企业仅靠人员费用的节省就已经收回投入,2017 年该企业车间生产人员有 43 人,数字化改造实施 13 个月后,不仅车间人员减少到 32 人,车间月均产值还增长了 3 万元。

（三）以小批量免费体验方式,破解中小企业对数字化技改顾虑多、推广难的难题

新昌县政府和工程牵头总包公司各出资 500 万元,成立轴承企业推广智能制造的小批量免费体验专项资金,为每家参与制造方式数字

化变革的轴承企业按一定比例提供加工设备（不超过 80 台），并免费安装 TM-e 微智造系统，实时采集机床进料、远程控制开关机、刀具使用、产量计量、故障实时报警、节能优化控制等数据，汇聚到云平台。通过云平台上的相关模型运算，以企业管理报表、数据图形等可视化方式，将结果传输到现场电子看板、手机 App 等载体上，为企业提供数据服务。PY 企业在不新增现有厂房、不添置设备和不新增人员的条件下，设备平均综合利用率提高 20%，用工成本下降近 50%，产量同比提升 47.5%。新昌县的一家国际轴承生产巨头认为，该模式实现了代工企业订单进度随时可掌握、产品质量数据全面可追溯、工厂生产状况实时可明知，便在其全球代工企业进行了推广，同时订单向已完成制造方式数字化变革的企业不断倾斜，增强了企业数字化改造的信心。试行一段时间后，许多企业主动要求对其余设备与生产线进行改造，形成了企业内部与企业间"我要改、自觉改"的"做样学样、学样仿样"推广的新局面。

（四） 选准熟悉轴承加工设备、工艺、工序的数字化工程改造供应商，破解信息化与工业化融合不好、问题解决不准的难题

信息化时代，大部分供应商业务领域不聚焦，常常是跨行业跨领域接单。由于对生产制造业务不熟悉，导致业务与系统"两张皮"，且为了"跑马圈地"基本采用封闭方式，以至于系统间很难打通。新昌县借鉴住建工程总承包"交钥匙"方式，遴选了轴承设备制造商新昌 TM 作为数字化改造牵头总包商，负责为中小微轴承制造企业量身定制技改路线、软硬件开发、系统集成、运营维护等"数字化制造"工程改造牵头总包服务，使中小微制造企业在开展数字化技改中省心、省力、省钱，工期与工程质量都有保证。TM 公司加大研发投入力度，针对中小微轴承制造企业机械加工设备缺乏数控技术的短板，专门开发了一套既方便加载又

操作简便、易学易会的 TM-e 微智造系统。针对中小企业数字化技改后续运营服务缺失问题，新昌 TM 通过轴承制造工业互联网平台的建设，以"平台化服务"的方式，解除了中小微企业自己建云养云的苦恼，用户的设备故障发现与处理速度提高 120% 以上。同时，TM 公司通过平台对 TM-e 微智造系统迭代创新，从企业最关注的设备综合效率（OEE）、质量合格率、能耗成本等问题入手，开发了 TM-e1.0 版，在此基础上划分基础功能和增值功能，并相继迭代开发了 2.0 版（十几个功能）和 3.0 版，为轴承制造企业实行清单式供应、"点菜式"自选，极大地增强了企业兴趣。为加强对"数字化制造"工程承包质量的监督，经信等部门建立了专家验收把关制度，规定未通过验收的项目不准投放生产，保证了企业信息化技改工程的质量与企业权益。

三、成效

（一）初步推动了轴承行业制造方式的数字化升级，促进了提质降本增效

从已验收的 82 家企业来看，新昌县轴承行业平均设备综合效率（OEE）提高 20% 左右，能源消耗下降 10% 左右，平均综合成本降低 12%~15%，企业利润率比技改前提高 8% 左右，初步走上了减人增效、节本增效的质量效益型发展之路。更加可喜的是，某国际轴承生产巨头认为新昌县在轴承行业批量推广"生产全过程数字化"的改造举措很合乎公司对这一产业发展环境的要求，已落户新昌县。

（二）找准了切合中小企业实际的数字化改造小切口与稳步推广方法

新昌县实践经验的关键一招就是做样仿样，其核心要义是要找到

数字化的高价值切入口——制造方式的数字化。新昌县通过工厂内部部分产线数字化试点的做样仿样与企业间工厂制造方式数字化变革的做样仿样，同时又经过小规模免费体验的方式，全面带动全县中小企业制造方式数字化转型。截至 2019 年末，全县轴承生产企业基本都开展了制造方式数字化变革，其中有 300 家轴承制造企业（约 1.8 万台制造设备）完成"数字化制造"的技改。

（三）紧紧抓住了数字化总包（牵头总包）工程服务公司这个"牛鼻子"

新昌县以一个行业选育几家数字化总包（牵头总包）工程服务公司为抓手，高度重视对数字化总包（牵头总包）工程服务公司的遴选。TM智造作为轴承设备制造商转型的供给方，已经在轴承行业深耕 10 多年，懂行业、懂生产、懂业务、懂设备、懂工艺，有着深度的行业 Know-How能力。新昌县委县政府通过政策杠杆，支持供给方创新，运用市场化机制，调动供给方的积极性，鼓励和引导数字化总包（牵头总包）工程服务公司深入行业、工厂、车间、现场，做好长期陪伴式服务。

（四）建立"政、企、供、智"四位一体的工作机制，是取得成功的关键

政府方面，新昌县委县政府高度重视，统筹协调各方，找准切口方向，基于现实稳步推进，相关领导亲临一线解决问题，强化政策和制度供给，保障各方紧密合作；企业方面，新昌县坚持企业主体地位，十分注意调动企业的积极性与创造性，把帮助企业解决问题作为激发企业内生动力的关键来抓；供应商方面，坚持把遴选与培育知悉行业工艺与机理的供应商放在突出位置，并充分支持其技术创新；智库方面，充分发挥浙江省智能制造专家委员会及派驻新昌专家指导组在方案政策制订、关键技术创新、商业模式探索、推进方法创新等方

面的智力服务作用。

（五）探索提炼中小企业数字化全面转型的"企业数字化制造、行业平台化服务"新模式

生产全过程数字化改造完成后，数字化设备与产线及本地化部署软件的方式，对于缺乏数字化人员的制造企业而言有很大挑战，于是新昌 TM 顺势应时推出了云化服务，通过"企业数字化制造+企业与轴承云平台的网络化互联+平台对制造企业的大数据服务"统筹发展的方式，实现了对生产全过程的云化服务，这就是"企业数字化制造、行业平台化服务"的新昌模式。工信部领导 2018 年在新昌县调研时表示，希望新昌县继续将"新昌模式"发扬光大，为全国量大面广的中小企业智能转型提供经验参考。

新昌县以制造方式的数字化变革为突破口，叩开了轴承行业全面数字化转型的大门，县委县政府围绕"企业数字化制造、行业平台化服务"这一总体思路，持续深化轴承行业数字化改造，推动经营管理上云、用云服务。同时，因地制宜、循序渐进，将该模式逐步向医药、纺机等行业延伸。近年来，轴承行业以 WZXC 为代表，正在积极推进"龙头引领+配套跟进"的链式数字化改造模式，目前已完成百余家轴承加工、代工企业的数字化普及工作。

案例二　兰溪市棉织业以"4+X"数字化改造模式推进"百企提升"

轻量化改造、复制式推广、实操型服务，是兰溪市在探索推进棉织中小企业智能制造实现路径中取得的宝贵经验，为我国纺织行业高端化、智能化、绿色化发展做出了"兰溪贡献"。兰溪经验使得智能制造纷纷被传统棉织中小企业所采纳，并且安营扎寨、繁衍生长。

一、背景

兰溪市是我国棉织行业的重要生产基地，其主打产品白坯布、牛仔布产量均居全国前列。2021 年，兰溪市棉织行业年产值 254 亿元，占全市工业总产值的 30.9%，是市支柱产业。全市共有 500 多家棉织企业，从业人员 6 万余人，用工约占全市工业用工的 40%，其中规上企业 152 家，是典型的传统行业中小企业集群区。兰溪市棉织行业设备比较先进，拥有织布机 2.5 万台，其中日产丰田织机占 80%，另外还有比利时、意大利进口织机。兰溪棉织行业以中小企业为主，配备相似的设备、采用相似的工艺、生产相似的产品，具有典型的细分行业特性。

与其他地方传统产业一样，进入新发展阶段后，兰溪棉织行业招工难、用工贵，产能大、利润薄等矛盾日益突出。产业究竟何去何从、出路何在？政府和企业想了很多办法，做了大量工作，但效果都不甚明显。2019 年 5 月，浙江省智能制造专家委员会派驻专家组赴兰溪市开展工作，在市委市政府的领导下，聚焦纺织行业开展数字化改造，聚力智能制造，积极探索实现路径，加快实现棉织全行业、全市域的转型升级。

二、做法

（一）着眼主攻方向，强化政府推动

一是出台高规格文件。兰溪市委以全委会形式出台了《关于兰溪市创建纺织行业智能制造示范市的决定》，以市府办名义出台了《兰溪市创建纺织行业智能制造示范市实施方案（2019—2021年）》及配套政策，争取中纺联棉织协会复函《支持兰溪市创建棉织行业智能制造示范市》。二是召开高规格会议。市委市政府召开动员大会，市委书记亲自动员，省智能制造专家委员会主任亲自宣讲，企业家代表表态发言。三是实行高位持续推进。市级领导全程参与试点启动、评审、推进、验收全流程，充分激活企业数字化转型的内在动力。主要领导和分管领导亲力亲为赴企业调研，督查工作计划实施情况，协调解决遇到的问题；经信部门牵头召开每半月一次的试点企业现场交流会。兰溪市将棉织行业转型升级真正导入智能制造这个主攻方向，将智能制造切实列入市委市政府的重要议事日程，彰显了决心和力度，统一了思想，明确了创建目标、推进步骤和政策措施，营造了浓厚的转型氛围。这种做法在浙江省县级政府层面独此一家。

（二）着眼试点质量，强化环节把关

为了保证试点发挥示范引领作用，防止"试点陷阱"，兰溪市采取了4项有力措施。

一是把住试点企业筛选关。兰溪市设定了企业试点的申报条件：

①企业"一把手"及决策层有坚定的决心,防止试点虎头蛇尾,半途而废;②企业对智能制造有比较清晰的需求和表述;③企业内部管理有一定基础,防止智能制造落地差、奏效少;④企业生产经营较正常,以免企业分散试点精力;⑤从白坯、牛仔、纺纱、印染等纺织细分行业各筛选有代表性的企业。由此,在申报试点的企业中确定了9家试点企业,其中8家为老厂改造、1家为新厂建设,旨在突出存量激活改造,兼顾增量优化建设。

二是把住解决方案优化关。专家指导组用近两个月时间配合经信部门对试点企业进行深入诊断,找痛点、难点、堵点。在此基础上,召开解决方案评审咨询会,逐个听取审查试点企业与供应商拟订的解决方案,提出修改意见,着重梳理中小企业共性问题,将数字化改造作为智能制造的切入点,从轻量化改造起步,并明确改造的基本内容和任务。

三是把住工程合同规范关。专家指导组指导试点企业与供应商将解决方案转化为工程合同,明确工程合同主要内容、投入产出预期、实施时间及工程质量,并对双方的权利、义务进行规范。为避免数据孤岛、工程碎片化,专家指导组引导试点企业推行工程总包或牵头总包制。

四是把住试点完成验收关。专家组受市政府委托,按照合同履行情况与实际效果对9家试点企业进行细致而严格的验收,对未达预期的企业提出整改意见。

(三) 着眼复制推广,强化样本提炼

本着实现"试成一批、带动一片"的目的,兰溪市在确定试点企业解决方案时就注重梳理共性问题、归集基本内容。在试点过程中跟踪具体问题,及时完善方案;在试点完成后认真总结经验、潜心提炼可复制推广、可持续提升的数字化、轻量化改造样本。这就是"4+X"模式。

所谓"4",指数字化改造的4项共性必选内容。一是打通数据。采用获取厂商通信协议、潜心解析不开放协议、加装传感器和扫码录入等办法,解决设备、物料的"聋哑盲"问题,使数据采得出来、联得上来、跑得起来,为数字化改造奠定基础。二是应用数据。安装成熟、适用的 ERP 和 MES,实现设备与软件、ERP 与 MES 之间的互联互通互操作,研制一批 App,落实生产状态实时管理、设备运维管理、数字化仓库、节能降耗管理等基本应用场景,实现企业数字化制造。三是呈现数据。配置企业数据中心看板、车间看板及操作工人工位器看板,根据工岗、车间管理的需求与产供销多部门管理的需要,分别呈现实时化、可视化、无纸化、岗位化运行和操作数据,以各级各类看板为载体将全员导入数字化管理。四是实施培训。对企业全员进行智能制造基本知识和分层次分岗位的应知应会培训,适应智能制造的新理念、新规程、新技能,确保改造顺利推进。

所谓"X",指根据不同企业需要和企业智能制造发展的不同阶段,增加的个性和迭代的数字化改造内容,如基于数据深度应用的智能物流仓库、AGV(智能搬运机器人)小车系统、自动化设备更新、智能验布等。

兰溪市政府把"4"和"X"称为规定动作和自选动作,并调整政策补助的导向,对"4"的补助高达50%,将"X"中的生产设备类补助降至10%以下。据统计,第一批9家试点企业的改造投入平均为200万元左右,财政补助后企业只需出一半左右资金。

兰溪市"4+X"模式有以下3个特点:一是轻量化,花钱少。由于主要利用既有设备和厂房开展数字化"补课",一般不涉及设备更新、产能扩张,所以不需要投入太多的资金,大多数中小企业都做得起来。基于可复制性,第二批21家企业数字化改造的推广速度大大加快,每家企业改造周期从半年缩短到3个月。二是通用型,打基础。针对中小企业普遍存在的共性问题，"4"的落地就能解决企业智能制造 80%左右的问题，从数字化入手，还能够夯实智能制造升级拓展和上云用云的发展基础。三是入门级，可持续。该模式有利于把中小企业顺利导入智造轨道，企业获得"智造"实际体验、初尝甜头后便会迅速升级拓展，并持续做好"X"的文章。

（四）　着眼云化服务，强化平台基础

与传统部署相比，云化部署成本较低、运维容易、升级方便，有利于大面积推广企业智能制造，有利于行业内产业链、供应链协同，但是行业工业互联网平台服务及商业模式必须为中小企业所欢迎，让他们想用、易用、实用。为此，专家组配合市政府做了 3 项基础工作：一是竞争遴选平台服务商。通过"征集企业端需求—设定平台入围条件—召开推介评审会"，遴选出一家重点培育的棉织工业互联网平台。该平台业主为第三方（非棉织龙头企业，消除同行企业上云顾虑），熟悉行业特点（已经做了 10 多家本地企业数字化改造，口碑较好），且为平台企业联合体（由擅长 IT 和 OT 的 4 家公司组成）。二是优化解决方案。为使平台服务有实效、发展可持续，从兰溪纺织行业企业数字化改造的实际需要出发，打造"三优化一全员"的基本服务样本，帮助平台不断优化服务方案，促使其脚踏实地、行稳致远。三是激发企业意愿。为借助云化部署和服务更快实现智能制造，开展"百企推广"全覆盖，针对部分企业存在敏感数据安全，尤其是生产透明化后对税负有顾虑、上云意愿不强的情况，市政府出台了相关扶持政策，引导企业上云用云。市主要领导亲自召开企业上云用云座谈会，阐明对上云用云企业依法保护其数据权益、优先供给企业用地等要素资源、上云用云年费用给予 25%补助的政策，有力打开了企业上云用云的局面。

三、成效

（一）大幅度改善了企业主要运行指标，企业发展质量明显提高

据统计，实施智能制造的试点企业在以下方面有明显改善：一是减人效果明显，操作工人均看织机数量从 7 台提高到 10 台（减下来的人多数用于增加织机或增加班次，部分转岗为后台运维等智造新岗位，很少解雇员工）。二是设备运行效率提高，从原来的不到 90% 提高到 96%。三是质量稳定性提高，差错率由原来的 2.4% 下降到 1%。四是企业综合效益提高了 12.3%。五是由于改造后企业的产品质量稳定一致、报价靠谱合理、交期准确及时，订单量快速增加。

（二）有效激发了企业实施智能制造的内在动力，智能制造的理念和方法开始为企业所接受

对比试点前后，企业家对智能制造的态度由"要我搞"变成了"我要搞"，对智能制造的认知由"云里雾里"变成了"心中有谱"。纺织细分领域纺纱行业，2023 年组织开展纺纱行业数字化改造现场观摩会，大力推广纺纱行业"4+X"数字化改造。例如 SJFZ 企业在数字化改造后，工人精减了 60 人，年节约人员成本超 350 万元，出口销售订单量实现翻番，企业生产效率提升 10%，外贸出口额增长达 85.31%，是还未开展数字化改造的同类型、同产品、同规模的化纤纱厂的 2 倍。

（三）提炼出切合中小企业实际的可复制推广、可持续提升的数字化入手、轻量化改造的样本

有了这个样本，就可以将中小企业顺利导入智能制造。企业只要入门后，就会自觉发奋提高，政府也可以快速部署、大面积推开中小

企业的数字化改造，让广大中小企业分享智能制造的红利。同时，也将供应商的业务从"零售"变为"批发"，从"打游击"变为"阵地战"（如本土培育 JDKJ 企业成功入选"省级产业数字化服务商"），不断降低边际成本，与企业结成长期伙伴，这不仅有利于进一步做大做强供给能力，还有利于平台客户的增加、大数据的形成、服务功能的增强。

兰溪市在全国率先提出"创建纺织行业智能制造示范市"，以"试成一批，带起一片"为目标，通过三年时间探索形成适合中小企业数字化改造的"4+X"模式，迈上数字化的纺织产业高质量发展之路。在织造、牛仔细分行业数字化改造基本全覆盖的基础上，攻克了纺纱、印染细分行业的技术壁垒，实现大部分企业的数字化转型。兰溪市在未来将持续深入推进数字化、智能化的迭代升级，推动企业数字化改造向 4.0 演变。同时充分学习借鉴纺织行业和其他先进地区的数改先进经验和推广模式，将纺织行业"4+X"数字化改造模式逐渐变为适合其他行业中小企业数字化转型的"N+X"模式，探索化工、医药、锂电池等其他重点行业数字化转型新路径，加快实现产业数字化"三个全覆盖"。

案例三　永康市电动工具行业"打造轻量级数字工厂样本"推数改促转型实践

2021 年以来，永康市电动（园林）工具行业以云平台为支撑打造数字工厂样本，首创"细分行业云平台+'小快轻准'产品服务"的新模式，并总结出"四选四做"的"数字工程样本打造"示范动作，对于深化中小企业数字化转型系统解决方案有很强的借鉴意义。

一、背景

永康是世界五金之都。2012 年以"机器换人"为撬动点推动企业数字化转型，先后采取了 4 种推广模式：一是"一个企业一次推广一个软件项目"的信息化"蚕食式"推广法，让企业首次用上了信息化软件，实现了基本数字化的启蒙。二是"大企业主导系统集成+大信息工程商支持"的 IT 团队"合作式"推广法，让大企业率先踏入数字时代，打造了一批智能工厂、未来工厂，做出了系统数字化的示范。三是行业协会或龙头企业牵头 10 家以上规上企业组团实施的信息化"拼多多式"改造模式。四是"一次试点示范几个数字化环节"的零碎化"搭积木式"推广法，让中小企业分阶段、分步骤量力而行尝试数字化，探索了多元数字化的路径。然而，对于中小企业占比达到 90%以上县级制造业集群来说，这些模式对中小企业来说，要么费用太高承受不起，要么过程太难望而却步，要么零敲碎打不成系统，每一种模式都难以实现系统数字化转型，亟须找到一个更加适配的模式，批量化推动中小企业数字化转型。

二、做法

从 2021 年开始，在浙江省智能制造专家委员会的指导下，永康市在总结破解细分行业中小企业数字化转型难题的系统解决方案五大创新模式的基础上，选择在电动（园林）工具行业，围绕以打造数字工厂样本为基本内容，通过做样仿样批量式复制推广"四选四做"方法，全面推进中小企业数字化改造，促进中小企业更高质量发展。

（一）选好试点行业

永康市是浙江块状经济的典型代表，拥有车业、门业、杯业、电动（园林）工具、电器厨具、休闲器具、技术装备、金属材料八大五金制造行业，规上工业企业超千家，规上工业总产值超千亿元。其中，电动（园林）工具行业规上企业 120 多家，行业产值 140 多亿元，产值占比达 14%，拥有生产和配套企业 1700 多家，产品远销欧美、亚、非等 100 多个国家和地区。

行业越细分，同行业中小企业共性问题越容易提炼，做样仿样的数字工厂样本企业就越好做。永康没有简单地把五金制造行业作为一个细分行业，而是选择将电动（园林）工具作为试点行业，以更容易找到同行业中小企业的公约数。

（二）选好试点企业

按照做样仿样推广法的数字工厂建设要求，选择样本企业需把握 4 个要点：一是意愿坚定。企业要对自身数字化改造有清晰的思考和明确的目标，能够自觉自愿主导改造。二是实力相当。企业能够承担改造所需的费用，一般为 50 万~200 万元。三是分层分类。要选择不同规模的样本企业，让后续看样学样企业可以分层对应选择。四是运营稳定。企业改造后要能够持续性稳定运营，避免建而不用。

（三）选好总包商

通过"市场+评审"公选确定牵头总包商。向社会发布工程服务总包商征选公告，由报名的工程服务机构分别提交工程方案，相关单位及行业企业代表共同参与评审，通过改造方案公开路演，从综合实力、数字化改造实际能力和从事该行业的专业能力3个维度综合评审，最终选定牵头工程服务总包商。

（四）选好技术模式

技术是"轻量化""标准化""批量化复制"的支撑，选择一个好的技术框架和模式至关重要。永康市结合前期"企业数字化制造+行业平台化服务"的思路，整合创新"电动（园林）工具行业云服务+数字工厂'小快轻准'产品服务"新模式。"电动（园林）工具行业云服务"就是将电动（园林）工具行业工厂数据体系主架构上云。通过数据云服务，实现数据驱动物料、生产、报工、销售、库存、利润增长等业务的一体化协同。同时，政府与总包商签订数据安全保密协议，对云平台数据加密，消除企业上云顾虑，保障云端安全。

（五）做好工程实施

一是找准共性问题。电动（园林）工具行业的关键痛点是物料齐套难保障。总包商围绕解决提高自加工、外部采购等物料与零部件的齐套率等制约行业利润增长的共性难题，以从物料到半成品制造再到产品组装为重点，从打通齐套采购管理、零配件仓储与物流精准配送及产品装配管理等业务流程数据体系入手，抓好主要配件的生产单元、制造产线与成品组装产线、物流线的数字化改造，配套推进生产全流程的数采系统建设。

二是制定实施方案。通过挖掘提炼，形成 8 个代表基本需求的"N"模块和 15 个代表可选需求的"X"模块，将其固化到标准合同清单中。每个模块明码标价，满足不同企业改造需要。电动（园林）工具细分行业数字工程改造 8 个必选项（"N"项）费用为 50 万元，工期为 3 个月，并把技能性操作的培训与实训、3 年免费工程质量维保写入供应商承诺的标准合同，做到数字工厂改造样本的合同标的、造价、工期、质保、权利责任义务等全面公开透明、依法保障到位。上述数字工厂样本与"标准合同+附件（'N+X'清单）"相统一的样本模式（见表 7-1），解除中小企业疑点、难点与顾虑，激发企业开展"做样仿样推广"与"试成一批（样本）、带动一片（企业看样学样成功转型）"的自觉性与积极性。

表 7-1　共性应用场景（"N"）清单

序号	应用场景		功能描述
1	订单管理	订单录入与评审	提供订单录入功能，记录客户下单的产品、数量、价格及特殊要求等，支持工作流审批功能，可根据不同企业的流程审批诉求灵活配置
		订单变更管理	基于客户订单异常变化，支持对订单进行变更并记录每次变更情况
		订单发货	提供标准销售发货流程，可按订单发货，也支持直接创建无源发货单发货
		订单退货	针对客户因物品质量、品种、数量不符合要求或者其他原因而将已购货物申请退回，提供退货申请功能，支持对退货申请进行核定处理，同时支持查看退货产品的收货信息等

（续）

序号	应用场景		功能描述
1	订单管理	订单超期预警	根据客户订单交期进行排序，提供实时预警机制
		订单进度跟踪	按照订单维度对销售订单的订货数量、生产完成进度进行统计。按照订单明细维度统计销售数量、销售金额、订单状态、发货状态、逾期情况、工单/采购状态、生产完成进度等
2	物料计划管理	BOM 配置管理	支持产品 BOM 的搭建、BOM 版本管理，提供快速批量导入、一键复制、子件批量替换、批量添加子件、历史版本查询及 BOM 反查等功能
		物料需求计算	根据所选订单快速分解物料需求，并根据策略配置计算最终的采购净需求、委外净需求及成品与半成品净需求，支持下达为采购申请及生产订单进行执行
		物料齐套分析	基于计划任务或销售订单一键分析物料齐套状况。物料齐套分析考虑可用库存、满足交期的采购在途、满足交期的订单在制等
		库存计划模式	针对通用物料，支持按安全库存计划模式进行运作
		按单计划模式	针对定制物料，支持按单 BOM 需求进行备货
3	采购协同	采购订单管理	提供需求申请流程管理、管理与供应商之间签订的采购合同与采购报价信息等
		到货管理	根据供应商送货单进行高效收货，同步提供批次码条码打印等功能
		退货管理	采购员对已经入库的采购到货物料、出现破损或者多余退货情况，进行退货申请，明确退货的物料及退货数量，仓库出库后产生退款金额
		协同管理	提供供应商供同管理功能，支持在线送货，避免提前送货、减少送货延期，支持供应商在线提醒功能
		采购报表统计分析	通过采购订单明细维度统计订单数量、到货数量、已入库数量、超期情况等。通过采购订单明细维度统计委外订单产品的委外进度，包括到货状态、到货数量、质检情况、是否超期等

（续）

序号	应用场景		功能描述
4	生产工单管理	工单管理	根据物料计划推送或手动生成生产工单，或者按标准接口接入 ERP 推送过来的生产订单，支持生产任务的排期调整，支持周计划工单排产，支持同种生产产品的拆单、合单操作，支持拆合单单据追溯撤销，支持改型工单、自定义样品工单类型，支持生产工单的过程控制
		生产排产	根据产品工艺路线分解工单工序，各工序支持自定义分批次下发生产任务，排产资源支持产线、工位、机台、人员，支持生产任务转委外生产，支持委外任务转自制生产，支持生产任务下发时调整投入物料明细，支持生产任务批次属性管理。生产任务作为车间现场的生产指令
		领料管理	根据生产工单的 BOM 进行物料投料，支持根据物料的领料属性实现按单领料及倒冲反扣；支持多终端生产报工时根据任务单一键领料；领料单据支持多种领料属性，支持报工倒扣提示缺料信息，支持任务下发时校验倒冲物料缺料信息；支持自定义领料明细
		入库管理	支持生产报工入库及生产退料入库，生产报工支持生产报工后一键入库，生产退料根据用料情况自定义用量退库；支持中间工序手动入库；支持入库取消
		进度管理	查看生产工单及对应生产任务的加工进度，支持按任务维度及工单维度进行进度查看，包含生产数量、领料情况等数据信息
5	报工管理	员工上下工	支持员工一键上下机操作，记录员工的生产工时与考勤状态
		生产领/投料	支持线边一键叫料，实现物料实时配送；支持从线边仓投料，建立投入与产出关系，实现物料使用追溯
		过程送检	当生产第一件时，可一键送检，触发首检检验任务，自动推送给预设的检验员；当首检结果通过后进行正常生产过程，过程检验根据预设频率自动推送，无须人工操作
		生产报工	根据生产任务卡、流转单一键扫码报工，支持多终端生产报工，支持生产报工后自动生成完工检验任务，支持生产报工中间工序手动入库操作

（续）

序号	应用场景		功能描述
5	报工管理	统计报表	系统各类统计分析报表、包含齐套统计、领退料统计、产出统计、进度统计等
6	质量追溯管理	检验标准维护	提供基于产品和工艺的检验标准、检验项目、缺陷类型等质量基础数据维护
		QC 检验	IQC：对供应商或外协商的来料进行质量检验 PQC：对生产过程的每个环节进行检验（首、巡检） FQC：对生产的成品进行入库前的检验 OQC：对出货的成品按客户质量要求进行检验
		质量统计分析	提供多个质量指标（不良率、及时率、供应商排名、缺陷分布）计算，对质量检验模块收集的检验数据进行统计分析，使用不同类型的统计图（柱状图、柏拉图、饼图、得分环、趋势图等），实现多个维度、多个层级的下钻功能分析和展示
		质量追溯查询	提供基于产品批次的反向追溯生产、采购的过程数据，提供基于原料批次和生产工单的正向追溯产品流向数据
7	库存管理	库存数量管理	管理库存数、预留数、未发货订单数、采购数、可用库存、生产中数量等，让库存一目了然
		销售出库管理	根据销售发货预约推送销售出库待办，仓管确认出库后增加财务应收；根据销售管理生成的退货申请办理销售退货业务，退货入库后则减少财务应收
		领料出库管理	根据生产领料单推送领料出库待办，支持分批多次领料，由仓管确认出库；同时支持根据生产退料单处理退料业务
		采购入库管理	根据采购到货单且检验合格自动触发采购入库待办，由仓管确认入库后增加财务应付；根据采购退货申请进行采购退货出库管理，退货出库后减少财务应付
		生产入库管理	根据生产报工入库后检验合格自动触发生产入库待办，由仓管员确认入库
		期末盘点	支持多种场景下对库存业务做盘点
		期初库存	使用"期初库存"，输入全部末级存货的期初库存

（续）

序号	应用场景		功能描述
7	库存管理	库存调拨	可以进行调拨申请业务转调出入业务
		库存预警	根据预设的安全库存自动传递需求，由自己补货，或将需求传递到相关组织，由相关组织补货。补货形式有调拨、生产、采购3种
		库存关账	可对企业全部或部分存储地点进行关账
8	四级报表	公司经营报表	通过公司级报表反映公司运营的整体情况，包括销售、采购、生产、仓储、质量、财务等整体运行状况
		订单销售报表	从订单数量、销售额、客户渠道、财务收款、产品销量、订单交付等维度整体体现公司销售状况，对交付延期订单进行预警
		采购仓储报表	从采购供应商的到货计划和入库管理采购风险，从仓库安全库存和库存周转看仓库的运营效率，对仓库呆滞和采购延期进行预警
		生产车间报表	从车间每条产线、每个人员的报工数据可以分析车间产能、效率、质量、进度、绩效等状况，对影响产能和交付的问题进行预警
		质量管理报表	通过对IQC来料检验、PQC生产质量、OQC出货检验数据的智能分析和实施呈现，帮助企业快速解决因质量引发的异常问题

三是建立项目管理制度。牵头总包商按"1+1+1+X"模式组建团队，抽调专业人员组建面向产品研发、项目实施、客户服务等领域的专业项目团队投入一线服务。总体项目组建立周例会制度，由项目经理对进展情况及下周计划进行汇报，分析风险及应对措施；实施交付组建立日例会制度，每天总结当日工作完成情况及后续计划，形成日报，跟进落实。

四是开展应知应会培训。牵头总包商坚持"现场调研设计—完善技术方案—快速部署实施—按照合同制订数字化操作技能培训计划",建立"一对一"培训机制。在工程实施前、实施中、实施后及时做好企业全员培训,培训工作贯穿始终。针对企业不同层次的人员进行侧重点不同的培训,做到包教包会,保障企业全员做到应知、应会、能操作,确保企业有正常的运营能力,产生更好的绩效。

五是"政府+第三方"全程监理。由市经信局牵头,联合浙江省智能制造专家委员会常态化开展改造指导、运行评估、过程监理、咨询监督等全过程跟踪,确保改造过程闭环服务。

(六)做好试点验收

永康市电动工具数字化改造项目验收实行"功能验收+绩效验收"双重验收保证。为了对试点企业负责,永康市实施严格的验收机制。项目上线后,由市经信局组织专家指导组开展项目功能验收,及时掌握项目运转、企业适配度、员工操作规范等情况。项目运行半年后,邀请浙江省智能制造专家委员会专家审验组开展项目绩效验收,对功能实现、运行状态、实施成效三大维度进行全面评价,确保试点企业学一个成一个。

(七)做好样本提炼

针对试点项目推进过程中存在的问题,进一步优化改进工程实施方案,总结提炼实施成果、改造经验,按平台化服务模式特点重新提炼合同样本,梳理整合后共提炼8个"N"模块和15个"X"模块,如图7-1和图7-2所示。

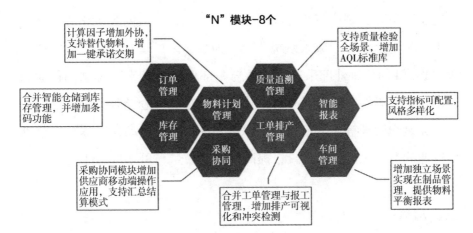

图7-1　试点项目工程实施方案的8个"N"模块

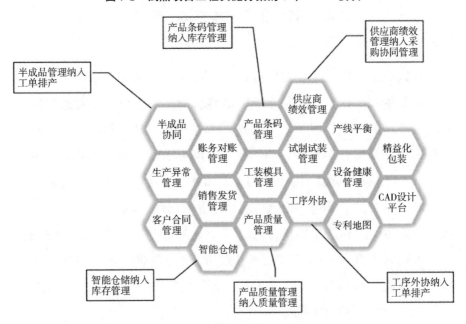

图7-2　试点项目工程实施方案的15个"X"模块

（八）做好复制推广

样本建设定位准、质量高、绩效好。以从物料到半成品制造再到产品组装为重点，着力抓好电机、塑料配件、机械作业部件等主要配件的生产单元、制造产线与成品组装产线、物流线的数字化改造，配套推进生产全流程的数采系统建设，为数字工厂奠定了基础。围绕解决"提高自加工+外部采购等物料与零部件的齐套率"等制约行业利润增长共性难题，从打通齐套采购管理、零配件仓储与物流精准配送及产品装配管理等业务流程数据体系入手，完成电动（园林）工具细分行业的数字工厂样本建设，提高样本的质量与可学可仿性。

三、成效

（一）成功实践"数字工厂样本打造"示范动作，样本企业绩效突出，样本推广势头强劲

永康市基于地方产业发展特点，成功实践了"四选四做"的样本打造示范动作，这一经验具有推广借鉴价值。特色样本企业通过数字化改造达到数字工厂水平，物料齐套率从65%提升至90%，订单按期交付率从74%提升至90%，原物料库存降低30%，企业平均流动资金的需求下降数百万元，生产能力提升10%，结合管理效益的提升，可给大的样本企业带来年均近百万元的新增利润，满足了企业降本增效、安全生产、预防腐败的期待，受到永康市中小企业的广泛欢迎。永康市在完成首批10家试点企业后，行业内企业实实在在看到改造成效，改造意愿非常强烈，有90多家企业自愿报名推广，形成企业"自愿学、乐意仿"的局面。

（二）首创"细分行业云平台+数字工厂'小快轻准'产品服务"的新模式

牵头总包商敢于创新，对数字工厂进行制造单元、制造（组装）产线的物联网改造与物流产线的移动物联网改造，加强数采网络体

系的改造，并创造了"电动（园林）工具行业云平台+数字工厂'小快轻准'产品服务"模式，全面完成"生产物联体系轻量化牵头总包改造+行业云平台轻量化产品服务"的模式创新，全面完成"企业数字化制造、行业平台化服务"为一体的模式创新，为中小企业做样仿样推广提供了更好的性价比、更高的满意度、更良好的绩效。

永康市在"电动（园林）工具行业云平台+数字工厂'小快轻准'产品服务"的模式创新中取得了一系列值得肯定与借鉴的创新点：一是"小快轻准"产品开发的定位准。以数字工厂急需使用的员工为重点，优先开发"作业指导+指令数据集""规范报批的数据集""指令执行结果的数量、质量、完成时间的数据集"等工业 App，提高急用先行的精准研发水平。二是充分利用低代码技术工具与环境及数据底座，提高"微服务小产品"的轻量化快速开发、快速部署、易学易用的水平，降低工业企业员工的操作培训难度。三是分别以"采购（齐套）管理驾驶舱、库存管理驾驶舱、生产管理驾驶舱（含零部件加工和成品组装）、质量管理驾驶舱、销售管理驾驶舱"的分类方式，明确"小快轻准"产品分应用领域或分应用场景的开发思路，降低"平台数据驾驶舱"的开发难度，提升"小快轻准"产品与每个员工岗位应用的匹配准确度。四是坚持"小快轻准"产品在一线边学习边研发、在现场边修改边完善的开发模式，提升"小快轻准"产品与生产、管理等业务知识、业务流程逻辑的契合水平，优化工业企业员工的应用体验。比如 WT 公司"细分行业云平台+数字工厂'小快轻准'产品服务"的模式创新，颠覆了工业信息化阶段成套软件开发难、时间长、推广慢、成本高、绩效低的模式，顺应数字化、网络化、智能化、平台化的新技术新应用新模式的要求，满足了中小企业需求。

（三） 形成政、企、智三方协同合作的数字化转型推动局面

首先，党委政府的高度重视是重要保证。一是永康市委市政府认识高度统一。市领导亲自蹲点抓数字工厂样本，动员会、培训会、推广会都是由市委书记亲自动员部署。市分管领导督促抓、市经信局牵头具体抓，建立看样学样推广工作专班，实行"周协调、月交流"工作制度。二是政策补助直达快享。永康大力度出台专项奖励政策，对列入改造的项目，投资额在 50 万元以内的基础共性应用场景"N"部分，第一批至第三批分别给予 70%、50%、40%的奖励；对企业个性化自选应用场景"X"部分（超过 50 万元部分），按信息化项目标准，对软、硬件投入分别给予 20%和 15%的配套奖励。三是实施过程保障多维。创新推行市领导和机关部门联系企业制度，定期开展入企督导服务，及时协调解决实施难题。由市经信局牵头，联合浙江省智能制造专家委员会、行业协会，常态化开展改造指导、运行评估、过程监理、咨询监督等全过程跟踪，确保改造过程闭环服务。同时联合各镇（街道、区）加大对改造企业的要素保障、人才支撑、金融扶持等政策支持和集成力度，加快政策奖补资金兑现。

其次，企业"一把手"重视、亲自参与是成功基础。企业数字化改造涉及企业内部生产经营流程的重组、组织架构员工职责的调整，只有"一把手"亲力亲为才能顺利推进。企业内部成立工作专班，由企业"一把手"亲自抓方案制定与实施，多轮次开展应知应会、晒拼抢创等互学比拼活动，开展企业内部激励比学赶超，对规范熟练掌握操作规程的员工给予绩效奖励。

最后，专家开展全程全链式指导服务是重要支撑。浙江省智能制造专家委员会派驻的专家指导组为前期调研、试点企业的选择、实施

方案的编制、总包商的公选、实施过程的监理、科学的评价验收、样本的总结提炼、做样仿样推广等提供全面、全程、全链的指导与服务，成为政府的助手、企业的帮手、项目的推手，充分发挥了保驾护航作用。

案例四　江山市木门行业推广"牵头总包"及"标准合同样本"打造中小企业数字化工程市场新格局

近年来，江山市委市政府在浙江省智能制造专家委员会的指导下，在以开展木门业中小企业数字化改造带动整个行业数字化转型方面进行了积极的探索与实践。创造性地以数字工程市场化改革的思路，全面推广"牵头总包"及"'N+X'样本合同"的方法，取得了良好的实践成果，得到了工业企业、工业数字工程公司、政府部门等各方认可。

一、背景

江山市是"中国木门之都""中国定制家居木质制品名城"，产业聚集效应明显，形成了以中国首家木门 A 股上市公司江山 OP 为龙头、300 多家量大面广的中小门业为基石和配套的产业集群，实现年产值超 140 亿元，年产木门超 2000 万套，占国内木门市场的 20%。

2018—2022 年，中国木门市场呈现"零售订单越来越少、工程订单越来越多"的趋势，大型企业凭借信息化、资金、人才、营销服务等方面的优势，市场占有率明显提高，而中小企业基础薄弱、资金实力不强，在激烈的竞争中面临巨大的生存压力。为此，江山市选择木门行业作为切入口，以期通过企业数字化改造和行业平台建设，使众多"小舢板"内聚成"航空母舰"，实现提质增效降本，重塑江山市木门新优势。

二、做法

（一）正视行业面临的形势，找准行业痛点，确定以创新应用场景为主的企业数字化改造切入口

要顺利推进木门行业数字化改造，必须切实解决其痛点难点堵点问题。面对中小企业资金不多、实力不强的实际情况，按照"最低限度数改、最高效率提升"的思路，江山市政府对全市 83 家规上木门企业开展了"最需要数字化改造环节"的问卷调查，收集到订单跟踪、工人管理等 23 个问题。同时，邀请浙江省智能智造专家委员会、门业行业协会与市经信、发改、商务等部门代表一起对 16 家企业进行实地调研，进一步梳理出木门行业普遍存在且影响较大的 6 个共性问题，并提炼出数字化改造的六大场景，即拆单管理、订单跟踪管理、精准包装管理、设备管理、数字化仓库管理、智能报表管理，具体内容见表 7-2。

表 7-2　江山市木门工程样本应用场景

难点	问题描述	应用场景
工程单拆单慢、错误率高	中小企业拆单一般要 3 天，且拆单综合错误率高达 3%	拆单管理
订单进度跟不准、不及时、难查询	订单进度一般延时 2~3 天才能获取；订单进度报表粗放，无法实时准确反馈生产进展	订单跟踪管理
成品包装缺漏件多、找货难	存放乱、找货难且慢，包装进度、包装明细不清，缺件漏件错件情况多	精准包装管理
设备故障解决慢、预防机制薄弱	设备管理粗放，运行情况不明，故障解决速度慢	设备管理

（续）

难点	问题描述	应用场景
原材料库存不准确、不及时、呆滞料多	月盘存库且盘点慢又不准；人为管理随意性大，道德风险高；呆滞料管理盲目	数字化仓库管理
报表统计工作量大、数字化管理水平低	中小企业数字化经营报表较少，公司没有全面的数据支撑，难以精准定位企业问题	智能报表管理

（二） 针对数字化工程市场的共性问题，以推广"牵头总包+标准合同"为主的新模式作为企业数字化改造的突破口

数字化改造的"拦路虎"是中小企业主有种种疑虑，看不懂、看不透、下不了决心。第一个疑虑是究竟改什么；第二个疑虑是怎么改，包括设备怎么改、工期要多长等；第三个疑虑是合同怎么订，完成后如何验收；第四个疑虑是由谁来总承包或牵头承包；第五个疑虑是投入要多少，多长时间能收回投资；第六个疑虑是改好后职工如何适应。针对上述问题，江山市在学习借鉴浙江相关县（市、区）中小企业数字化改造做法与经验的基础上，以实施"牵头总包"并配套推广"标准合同"作为工业数字工程市场化改革的突破口，本着先行试点、提炼成功做法、积累实践经验、再全面推广"由点及面"的思路，探索出一套与中小企业数字化工程市场相适应的新模式。

"牵头总包"新模式是公选一家工程服务商牵头总包，全面负责中小企业数字工厂的建设，并为其提供系统的用云服务。在数字化工程项目实施中，由牵头总包商承担核心骨干项目、工程项目集成、数据系统集成及技术系统集成等工作，并协调、监管、验收分包项目的工程质量，各个分包商做好自己分包项目工程，共同确保工程进度和质量。例如江山木门行业通过建立"JQ公司牵头总包，木工数控设

备厂商、工业软件分包商、数字化转型咨询服务商、培训服务商等参与联合分包"的新型战略合作关系，提升了工业数字工程承包商的战略协同竞争力。

"N+X"样本合同由主体文本和附件（"N+X"清单）组成，通过明晰工程标的、工程造价、企业内部数据体系建设和工程质量要求、验收要求等内容，有效杜绝数字工厂建设的模糊合同、"半拉子"工程等问题，减少供需双方之间谈判扯皮成本，保障双方利益，提升市场交易效率和供需双方的积极性。

（三）以"三选四定"为具体方法开展试点，公选工程总包商，签订规范的总包合同，形成企业数改样本

"三选四定"即选准试点行业、选好试点企业、选对工程总包商、定工程样本标的、定工程造价、定工程工期、定验收标准。

选准试点行业方面，依照 4 个因素选择木门行业中小企业试点样本。一是行业工业产值占比要大。江山木门行业年工业产值 140 多亿元，其中规上工业产值约占全市规上工业总产值的 20%。产值占比大，大面积数字化转型后工业数字经济发展的成效才会大。二是企业数量要多。江山木门产业工业中小企业达 300 多家。企业数量多，工业数字化工程样本的复制推广的面才会大，工业数字化工程联合承包商的工程订单才会多，对其吸引力才会大。三是企业数字化转型的积极性要高。江山木门企业面临"零售订单越来越少、工程订单越来越多""传统制造方式成本越来越高、利润越做越薄""招工越来越难、生存越来越困难"三大难题，对数字化工程改造的"我要改"的要求越来越迫切。四是在浙江省乃至全国的行业特色要鲜明。江山是"中国木门之都""中国定制家居木制品名城"，木门产量占全国 10%以上，是"块状经济"发达、产业特色明显的行业。

选好试点企业方面，试点的目的是试点成功与可复制推广。为此，对试点示范企业确定了 4 条评选标准：①企业"一把手"有强烈的意愿；②企业生产经营稳定正常；③企业经营管理基础好；④班子团结有权威。同时，还要明确试点企业可分为数字化工程技改类企业和数字化工程新建型企业，并明确不同产值规模企业的划分标准，为不同规模的企业提供可学可复制的"工程样本"。为此，江山市分别选取了年产值 2000 万元、9000 万元、3 亿元 3 类不同产值规模的 3 家企业作为数字化技改类工程的试点企业。

选对工程总包商方面，一是明确"工程牵头总包商"公选条件：①具有数字化工程的综合系统集成能力；②拥有多年积累的木门行业知识，熟悉木门行业生产工艺、流程与企业管理等业务；③有长驻在江山的工程承包与施工团队；④有在木门企业数字化工程牵头总包的经验或成功案例。二是明确市场化的公选程序，实行揭榜招标评价。组织智能制造专家、木门企业代表、门业行业协会、政府部门等组成评审组，从解决共性问题数量、技改工程款、工期对正常生产经营影响度、技改工程绩效预期等维度确定综合评议的标准，分别对应聘的 5 家工程承包商提供的数字化工程改造方案进行评价，为试点工业企业挑选试点工程牵头总包商提供了参考依据。引入市场竞争机制，通过竞争促进工程商业模式创新，让中小企业具有更多选择。三是支持试点企业自主选择试点工程牵头总包商。企业是数字化改造的责任主体，必须充分尊重企业的意愿优选工程总包商。通过反复磨合，在浙江省智能制造专家委员会江山专家指导组的悉心指导下，参考对数字化工程改造方案的综合评价结果，由 3 家木门行业试点企业自主选择牵头总包商。

确定工程样本标的方面，明确工业数字工程承包合同标的，细化工业数字工程承包的内容。江山市通过反复调研与梳理、试点、提

炼，参照住房销售标准合同，形成了《江山木门行业企业数字工程
"6+X"样本合同》。其中，"6"是木门行业企业数字化转型6项共性
需求，即拆单慢错误率高、设备利用率不高故障排除慢、跟单不及时
效率低、原材料管理不准确积存过多、产品发货不准确缺件错件多、
数字报表统计难可视化水平低，将其可转化为6个工业数智化应用场
景。"X"是木门行业企业数字化转型的个性化需求，可转化为若干
个个性化的数智化应用场景。

确定工程造价方面，合理核定并公开工业数字工程的造价与预
算，动态调整工业数字工程价款。针对木门企业6个共性问题，定制
了自动拆单与智能排产、设备互联与智能运维、对物料半成品与成品
标码扫码管理、四级报表智能统计、订单进度跟踪、产品整套精准包
装六大数智化应用场景，确定该六大应用场景的工程价款为50万元
(不包括工业装备采购款)，见表7-3。根据不同规模企业、不同投资
能力企业的不同需求，又推出了"采购管理、质量管理、成本管理、
财务管理"等"X"项个性化应用场景价款及工期清单⊖，见表7-4。
这既保证了共性数智化应用场景的需求，又满足了适应个性化数智化
应用场景的需求，提高了"N+X"样本合同的适配性和灵活性。

表7-3 必选6个共性应用场景价款及工期清单

序号	必选模块	功能	价格/万元	工期/工作日
1	自动拆单	工程单导入和查询、零售单录入和查询、工程门一级拆单、零售门一级拆单、拆单基础资料管理	50	60

⊖ 上述6项共性应用场景与8 (X) 项有工程标价的个性化应用场景的合计工程款共计为
125万元。

（续）

序号	必选模块	功能	价格/万元	工期/工作日
2	原料管理	原材料编码、原材料出/入库管理、原材料库存盘点、呆滞料预警		
3	设备物联	设备数据实时采集、设备 OEE 分析、设备维保管理、异常设置、异常呼叫、异常处理、异常跟踪		
4	进度跟踪	工单编制和分派、工单报工、工单进度查询、工艺基础资料管理	50	60
5	精准包装	成品包装、成品出/入库、呆滞成品预警		
6	四级报表	高层报表/看板/微信推送、部门经理报表/看板/微信推送、车间报表/看板/微信推送、工人报表/微信推送		

表 7-4　可选 X 项个性化应用场景价款及工期清单

序号	可选模块	功能	价格/万元	工期/工作日
1	采购管理	采购单管理、采购进度、供应商管理	5	10
2	质量管理	质检标准配置、首检/巡检管理、质检报告	5	10
3	扫码加工	电子裁板锯接口：通过给电子裁板锯加工清单，让电子裁板锯的板材优化软件达到比较高的板材裁切利用率； 门扇生产线扫码加工（含 1 条产线）：将加工信息集成到二维码中，自动线通过扫描门扇上的二维码信息，调用尺寸、锁孔、合页等信息，实现柔性加工	15	30
4	文档管理	产品文档管理、设备文档管理	5	10
5	数采监控	工艺采集、工艺预警、数采监控记录	依具体设备而定	
6	生产管理	部件条码化管理、生产部件分类批次、产品追溯、工序产能负载监控、人员技能管理	30	60

（续）

序号	可选模块	功能	价格/万元	工期/工作日
7	简易财务管理	应收款管理、应付款管理、其他收支、开票管理	5	10
8	限额算料	二级 BOM 建模、限额用料参数化建模、自动生成订单用料单	15	30
9	报表系统	高层报表定制、部门经理报表定制、车间管理报表定制，详细报表依据实际需求而定	另行商定	
10	定制开发	定制开发服务		

确定合理工期并进行全过程的工程管理方面，事先拟定数字工程的计划和标准，解除工业中小企业对工程质量与绩效的担心。"N+X"样本合同明确了江山木门行业数字工程的技术要求、工程质量、验收方式、工程价款及付款方式、合同的生效日期及效力、变更与终止、违约责任、不可抗力等要求。其中，6 个共性应用场景实施工期为 2 个月，含软硬件工程施工 15 天、调试磨合 45 天。数字工程项目管理、企业全员实际操作能力培训贯穿于全过程，实现了《江山木门行业企业数字工程"6+X"样本合同》标的公开、报价公开、工期公开、工程质量要求公开、工程承包权利义务与责任公开，让工业企业放心。

确定工程验收标准与方式方面，鉴于当前缺乏数字化工程咨询公司、监理公司的实际，江山市以市智能制造服务中心为依托，联合浙江省智能制造专家委员会派驻的江山智能制造专家指导组、江山木门行业协会等，根据企业的自愿委托，为中小企业提供工业数字工程监理、工程验收，以及工程承包前、承包中、实施后的把关、咨询、指导服务。

江山市通过上述举措取得了试点工作的圆满成功，并在此基础上形成轻量化"6250"样本，即：改造基本内容为 6 个场景，改造工期只需 2 个月，改造投入仅需 50 万元；另还给予 50% 补助，工程承包商承诺项目未通过验收全额退款，实现企业数字化改造零风险。这一入门级、低成本、短工期、易操作的模式，适合绝大多数中小微木门企业，大家都能改得成、用得好、付得起。在复制扩面阶段，引导企业依照样本决策并找工程承包商、仿照样本签订合同、参照样本进行工程监管、比照样本进行验收结算，通过"四照"新法打开中小企业实施数字化改造工程的新局面。数字化改造后，江山木门的试点示范企业拆单效率提升 150%，原料等管理效率提升 50%，成品包装准确率提升到 99%，设备使用效率提升 10%，管理效率提升 13%，这些看得见、摸得着、体会得到的业绩，解除了企业的各种顾虑，使企业数字化转型的时间大幅度缩短。

全员化培训方面，江山市充分吸取早期智能制造试点因员工素质、管理体系跟不上，反而拖低生产管理效率的教训，多措并举提升员工适应效率。一是要求总包商从系统设计之初就高度重视用户体验，做到轻量化、简便化，确保做到易懂、易学、易操作。二是分批组织企业员工到试点企业参与生产，以工代训，注重实干，加快员工适应速度。三是在工业企业与总包商的合同中，明确由数字化工程承包方负责为试点示范企业提供企业全员操作能力的实训，并免费提供一年工程质保期服务。

三、成效

从江山木门行业企业数字化转型的实践来看，以"实施牵头总包模式"加"N+X 样本合同"抓同行业样本示范与复制推广，在实际工作中发挥了难以替代的作用，取得了良好成效。

（一）企业主要运行指标和发展质量明显提高

截至目前，江山规上木门企业已经全部完成了数字化改造。改造后企业平均生产效率提升 85% 以上，管理效率平均提升 50% 以上。2022 年，浙江省细分行业中小企业数字化改造推进会暨江山木门数字化改造现场会召开，推广江山经验做法。2023 年，JQ 公司以江山木门产业为主体，成功申报入选国家第一批财政支持中小企业数字化转型试点名单（获国家财政激励资金 600 万元）。同年，江山市成功入围了全省中小企业数字化改造财政专项激励试点（获得专项财政激励 500 万元），《江山市中小企业轻量化智改综述》荣获 2022 年度浙江省改革突破奖"提名奖"，入选全国中小企业数字化转型典型案例。

（二）全面回答了数字化转型中"怎么转？靠谁转？如何才能转好？"问题，坚定了企业数字化改造信心，缩短了企业的决策时间

经过 6 年智能制造试点和宣贯工作，工业中小企业对"要不要数字化转型"已有比较清醒认识，但对"怎么转？转什么？如何才能转好？"依然存在着不少疑虑与担心。一是工业中小企业缺乏数智化技术人才和领导数字化转型的经验，对"首先应该转什么？应该如何转？"依然是心中无数。二是工业企业对数字化转型要实施的硬件工程与软件工程缺乏了解，尤其是对设备之间、业务之间、管理部门之间的数据互联、软件选择、业务数据集成等非显性工程依然是心中无数。三是对工业数字工程的投入产出评价、工程质量应该如何保障，依然是心中无数。因此，工业企业对工业数字工程"如何发包？怎么承包？怎么签订合同？怎么监管合同实施？"等存在着担心与顾虑，造成了企业数字化转型决策效率低。多数企业从决定开展数字化转型

到签订工业数字工程合同需要 1 年多时间，有的企业甚至 3 年还拍不了板。江山木门行业通过"实施牵头总包"与"样本合同"，以公开合同标的、公开工程价款、公开工程质量监管与验收的方式，全面回答了智能制造试点的综合评价难等一系列的问题。

（三）系统解决了数字化转型中数据体系设计、工程质量保障等难题，杜绝产生模糊合同、"半拉子"工程与"豆腐渣"工程

过去在工业企业数字工程中普遍存在 3 类问题：一是由于工程标的表达不清晰，不可避免地产生了模糊的工程合同；二是工业数字工程被若干家建设单位分包，不可避免地产生了"要素数据孤岛、业务数据孤岛、管理数据孤岛"等"半拉子"工程；三是由于工程质量难以把控，或工业数字工程承包方能力不足，不可避免地导致偷工减料、多包少做的"豆腐渣"工程。

江山木门行业通过"样本合同"，一是明确了"6+X"的合同标的清单，将合同标的模糊表达转变成了清晰表达，杜绝了模糊工程合同的产生；二是通过明确规定 6 个共性数智化应用场景，基本打通了企业内部的要素、业务、管理的数据体系，比如以"原料管理""设备物联"破解要素数据孤岛、以"自动拆单""进度跟踪"破解业务数据孤岛、以"精准包装""四级报表"破解管理数据孤岛；三是通过引入社会机构的第三方监理服务与依照工程样本合同的监理，再加上工程发包方、承包方、监理方的积极配合，提高了工业数字工程的质量，解除了工业中小企业的后顾之忧。

（四）创造了数字化转型中牵头总包商联合分包商的新商业模式，提升了工业数字工程的供给能力与水平

工业中小企业数字化转型滞后的原因，主要是工业数字工程供给水平不足、商业模式创新滞后。当前，涉足工业数字工程的有工业自

动化企业、工业软件企业、企业管理软件企业、工业装备安装企业、工业产品视觉检测企业、互联网从业人员新创办的企业。虽然这些企业各有优势，但都只能解决数字化转型中的部分问题，加上工业企业缺乏数字工程集成的能力，存在数字化转型效果不明显的困惑，因此迫切需要工业数字工程"交钥匙"总包的商业模式。

江山木门行业通过选择一家从事木门行业工业数字工程经验丰富的企业作为牵头总包商，由牵头总包商联合分包商进行长期合作，再由牵头总包商负责工程技术整体集成。这样既有效克服了各家分包商各自承包的弊端，构建了工业数字工程承包的联合体，形成了利益共享、一荣俱荣、一损俱损的紧密合作关系，又对提升做工业数字工程的质量、塑造工程承包商良好形象、加快工业中小企业数字化转型十分有益。

（五）开创了数字化转型中样本示范与轻量化改造的新路径，为有效实施中小企业的数字化工程树立了做样仿样的示范

江山木门行业开创了"依照示范样本合同决策并找工程牵头总包商、仿照示范样本合同签订工程承包合同、参照示范样本合同进行工程监管、比照示范样本合同进行验收结算"的示范样本与轻量化改造的数字化转型复制推广新路径。

一是分别提供了大型企业、中型企业、小微企业的示范样本，不同规模企业都有工业数字工程示范样本可学，解决了中小微企业学不了大企业样本的难题。二是提供了投资低、投资性价比好的示范样本。依照"6+X"样本合同，解决行业数智化共性问题只需50万元，加上"X"项个性数智化问题累计也不会超过200万元，1年左右就可收回工程投资，解除了中小企业对数字工程投资大、回收期长、绩效不理想的担心。三是将复制推广企业的骨干人员选派到试点示范企

业跟班学习实训，既保证了复制推广工程的质量与进度，又保证了复制推广企业员工的实际操作水平，解决了企业数字化改造之后怕员工不适应、数字化生产系统难维护、数字工厂整体绩效难实现的顾虑，加快了在中小企业复制推广的步伐。

全面推广牵头总包模式与"N+X"样本合同，既是数字工程的市场化改革的必然要求，又是推动中小企业的数字化转型的有效抓手，符合加快数字经济发展的客观要求，具有十分重要的现实意义。目前，江山市已将该做法推广至化工、塑胶、输配电等行业，掀起了中小企业细分行业数字化改造的热潮。

案例五　东阳市磁性材料行业以"1+4+3"数改服务模式全面推动数字化转型

2022 年 10 月，东阳市首批磁性材料行业中小企业数字化改造项目启动。东阳市全面推动磁性材料行业数字化转型的案例，是"中小企业数字化转型系统解决方案"在更大区域、更多细分行业复制推广的落地实践，其所形成的"1+4+3"数字化改造服务模式，让企业愿改、敢改、尽改，值得借鉴。

一、背景

东阳市素有"中国磁都"美誉，磁性材料产业起步于 20 世纪 80 年代初，以"产业根底扎实、区域特色明显、行业优势突出、市场占有率高"等优势成为一大区域特色经济和主导产业，是国家首批中小企业特色产业集群。磁性材料在东阳市国民经济中占有举足轻重的地位，产业规模约占全国的 37%，其中永磁铁氧体分别占国内、国际市场份额的 37% 和 26% 以上。行业现有生产企业 300 余家，其中规上企业 70 家、大型企业 2 家，2023 年规上企业产值达 232 亿元，占全市规上工业产值比重达 29.1%，总量居各行业之首。

东阳磁性材料的发展历程是国家推进工业化发展的生动写照，先后经历了"机器换人""两化融合""标杆探索"等阶段，HDDC、YLH 磁业等上市企业率先实践成功建成数字化车间、智能工厂、未来工厂，取得了积极成效，但近年来行业内大量中小企业面临着生存发展难的困境。东阳磁性材料企业多为重资产型，设备投入大，原材料占生产成本比重高，叠加用工成本高，2021 年行业每百元营业收入中的成本高于面上规上工业 2.83 元。中小企业迫切需要进行数字化转型降本增效，提升企业竞争力。此前新昌县、兰溪市、江山市、永康市等先行地区探索形成的一套针对细分行业中小企业数字化转型的方案，为东阳市磁性材料行业带来了方法论。为此，在浙江省智能制造专家委员会的指导服务下，东阳市在磁性材料行业应用推广"中小企业数字化转型系统解决方案"。

二、做法

2022 年 10 月，东阳市首批磁性材料行业数字化改造项目启动，在新昌县、兰溪市、江山市、永康市等地推行"中小企业数字化转型系统解决方案"的基础上，结合东阳市实际，着重在统筹推进上、精细服务上、凝聚合力上下功夫，创新提出了"1+4+3"数字化改造服务模式（见图 7-3）。

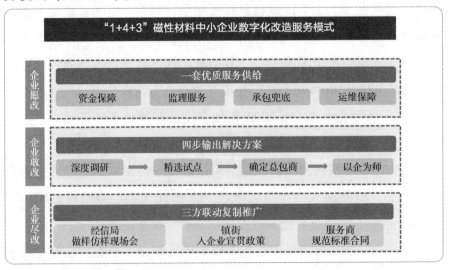

图 7-3　东阳市"1+4+3"数字化改造服务模式

（一） 强化总体设计，在统筹推进上下功夫

一是强化组织领导。在数字经济创新提质"一号发展工程"专班领导下统筹数字化转型工作，市领导高度重视、多次调研、亲自部署，组织经信部门按年度分解工作目标至镇街，细化任务，并建立季度比拼晾晒机制，确保各项指标任务按时完成。

二是细化推进路径。出台《东阳市以"产业大脑+未来工厂"为引领、加强推进制造业数字化转型实施方案（2022—2025）》，明确到 2025 年实现产业数字化"三个全覆盖"。在此基础上，制定《东阳市磁性材料行业"N+X"轻量级数字化改造实施方案》，细化推进时间节点。

三是完善政策支撑。在财政资金压力下，反向加大财政支持力度，新增条款对磁性材料"N+X"模式改造企业共性部分给予最高75%的补助，后续政策覆盖面扩展到现代服装、机械制造等特色优势行业，同时考虑到骨干企业逐步应用复杂高投入软件，将"两化"融合奖补上限从 100 万元提升至 200 万元。

（二） 边推进边探索，在"精细服务上"下功夫

一是提供一套优质服务供给。为消除企业数改顾虑，东阳市提出一套覆盖项目实施全周期的优质服务保障。项目实施前，设立数字贷，让企业有资金投入；项目实施中，提供监理服务，减少企业项目实施风险；项目实施后，结合事前投保机制，为项目实施失败兜底，让企业无后顾之忧。①提供资金保障。一方面，大力度建设资金补助，制定出台《东阳市磁性材料行业"N+X"轻量级数字化改造实施方案》等政策，对磁性材料"N+X"模式改造企业共性部分给予最高75%的补助；另一方面，支持农商银行开发"企业数改贷"，让企业

零投入便可启动改造,首批4家先试先行企业中有2家申请了300万元授信额度,2023年共发放贷款1520万元。②提供监理服务。由政府以招投标形式向专业信息化监理公司购买服务,统一"打包"监理,解决企业因数字化人才缺乏而无法把控建设质量等问题,探索制定《东阳市磁性材料"N+X"轻量级数字化改造项目监理合同》,总结一套针对"N+X"模式的监理范围、监理内容,确保质量。③实行承保兜底。由中国人民财产保险股份有限公司创新数字化改造保险产品(东阳市磁性材料行业轻量级数字化改造费用损失保险),叠加政府保费补助,政府给予90%的保费补助,改造失败的企业也可获得最高25万元赔付,减少企业后顾之忧,提高改造积极性。④优化运维保障。数字化改造服务商、数字化改造人才一直是大部分县(市、区)短板,东阳市与浙江省北大信息技术高等研究院达成战略合作,推动建设北大信研院东阳产业数字化赋能中心,重点在数字化人才培训、数字化服务商引入上攻坚突破。同时,针对企业缺乏数字化人才、数字化项目实施后无法有效运维等困难,探索利用北大信研院人才资源,通过人才共享为企业提供信息化应用异常识别、故障排查、升级建议、数据安全防护等针对性服务,以减少企业顾虑推动企业大胆投入。

二是制定四步输出解决方案。第一步是深度调研厘清行业普遍存在的共性问题清单。分镇街、分规模、分工艺筛选调研磁性材料行业企业,通过企业走访、全行业问卷调查、代表性企业座谈征集及行业协会专题研讨等形式,全面掌握行业企业数字化改造痛点堵点,并生成对应应用模块清单,磁性材料行业调研覆盖面达46%。第二步是精准选取试点企业先行探索。邀请第三方机构按照企业规模、经营状况、生产工艺、数字基础、数字理念等维度指标对10家意向企业评价打分,优先选取得分较高的4家中小企业先试先行,确保行业内企业普遍可以在试点企业找到参照，为后期复制推广打下坚实基础。第三步是集中路演确定牵头总包商。在公开报名基础上，按照先试先行企业调研、制定改造方案、集中路演、实施案例考察等步骤，由市经信局组织试点企业、专家、行业协会等组成评审小组进行评审，按照以企业评价为主、以专家意见为辅的原则，在 10 家报名服务商中比选确定实施方。在后续实践中发现，企业自己选的服务商参与度会更好。第四步是以企业为师，需求导向开展项目孵化。要求总包商开发一线的技术人员走进企业倾听意见，尤其是针对磁性材料行业一线生产员工年龄偏大、知识层次偏低等实际问题，完善解决方案。磁性材料行业总包商累计向改造企业征集需求 961 个，并基于问题清单和需求清单开发了"磁性材料行业云平台+'小轻快准'微服务产品"，打造了订单管理、生产管理、往来对账、质量管理等 13 个"N"模块及工模管理、能耗管理等 8 个"X"模块，员工产品操作简单、一教即会，有效推动项目快速落地、功能快速部署、场景快速见效。

三是开展三方联动复制推广。市经信局组织举办行业看样学样现场会，组织企业深入现场学习，让企业产生转的意愿。由镇街结合企业清单、批次目标任务走入企业宣贯政策，打通供需双方对接渠道。让服务商整合企业反馈，不断迭代、完善标准合同，现在的合同共性场景模块更加精准、售后服务举措更加细化、服务商数据安全管控更加健全，大大提高企业投入信心。

（三）优化发展生态，在"凝聚合力"上下功夫

一是加强诊断保障。在推进中小企业数字化改造的同时，建立"标杆指引—诊断服务—项目转化—评价跟踪"工作体系，借助数字化改造服务机构力量，先行一步实施诊断服务，加速项目转化，为细分行业企业数字化改造投入奠定基础。目前已为东阳市多个行业 507

家规上企业提供诊断服务，覆盖面达 74.23%。二是培育服务商体系。依托北大信息技术高等研究院建设区域数字赋能中心，推动更多服务商入驻。借助"N+X"模式的磁吸效应，推动契合本地产业实际的优质服务商落地，已引入 4 家服务商注册。支持龙头企业输出经验和标准，做好优秀人才回归服务，内部培育服务商 8 家。目前拥有服务商 12 家，列入金华市数字化改造服务商培育库 8 家，省级产业数字化服务商 3 家。三是搭建"双月一主题"对接赋能平台。打造"双月一主题"数字赋能系列活动，联合通信运营商、服务商、院校等多方力量，通过成果宣传、经验交流、实地观摩等线上线下多种形式，分行业、分专题、分区域组织开展各类活动，推动奖补政策应晓尽晓，有力破解企业思维障碍，帮助企业应改尽改。

三、成效

通过"1+4+3"数改模式的全面推广，东阳市磁性材料数字化改造工作已然成势，成功入选浙江省首批中小企业数字化改造试点县（市、区）创建名单并获浙江省财政专项激励，结合先期示范、自行探索，初步测算磁性材料行业规上工业企业数字化改造覆盖率已达 97.3%，规上产业链产值较改造前增长 10%，平均劳动生产率较改造前增长 16.8%。

（一）样本示范引领效应显著，形成了向同行业企业复制推广的良好局面

在打造磁性材料行业高质量样本基础上，东阳市按照"4+16+64"裂变路径分批次复制推广，目前已完成"4+16"建设验收，第三批 6 家企业正在建设。受整体行业改造带动，部分企业在改造基础

上，积极推动设备项目更新，采购全自动压机、自动排坯机、磁瓦视觉检测设备、窑炉智能监控系统等设备，提升数控化率，ZK 磁业、ZZYC、YL 磁业等骨干企业相继推动建设数字化车间、智能工厂，经测算行业数字技术深度应用企业达到 60%。2023 年，东阳市重点工业企业装备数控化率、设备联网率分别达 72%、64%，"两化"融合总指数居浙江省第一梯队。

（二）打造了一套符合磁性材料行业实际的数字化改造解决方案

发挥磁性材料行业规模优势，充分借鉴 HDDC、YLH 磁业等龙头企业改造经验，根据企业需求，结合问题清单，总包商不断完善磁性材料行业数字化改造解决方案。通过对验收的 16 家企业进行测评，模块覆盖基本达到了国家制造业中小企业数字化评测 2.0 以上水平，其中 2 家接近 3.0 级。这套解决方案，在生产效率、生产成本、产品质量方面帮助企业提升了经济效益，在市场响应速度、内部管理方面提高了企业的竞争力。如首批试点企业 NC 经过一段时间的系统应用，质量合格率提升 2 个百分点、委外耗损率降低 2 个百分点，入选国家"专精特新"小巨人企业；LZ 企业通过数字化手段实现质量全流程追溯管控，国外核心客户评厂获得高分评价，增加了订单；QC 企业产能扩大 1 倍管理人员不增加；KW 企业实现了部门之间的业务协作，解决企业管理的信息孤岛，统计人员从 3 人缩减到 1 人。该解决方案成功入选工信部中小企业数字化转型典型产品和解决方案，已向宁波江北区复制，并完成实施企业 2 家。

（三）形成了一套适应东阳实际的细分行业中小企业数字化改造的操作实践

东阳市结合本地实际创新性构建了"1+4+3"服务模式，让企业愿转、敢转、尽转。在优质服务供给上，创新了数改贷、政府购买服务统一打包监理、费用损失保险兜底等，让企业零投入即可启动改造；在输出解决方案上，借助智库力量，对意向参与试点企业进行综合评价，对总包商数字化改造方案进行评审把关，择优打造样本企业，为推广奠定基础；在齐推复制推广上，迭代标准合同，将售后运维进行细化，提升街镇主动性，让驻企一线共同参与复制推广。这套操作模式为后续推动其他行业数字化改造提供了参照。目前东阳市正有序推动现代服装行业、机械制造行业中小企业数字化改造。

案例六　乐清市电气产业集群以"链式协同" 推进数字化改造

乐清市聚焦智能电气产业链优化提升，探索"大脑赋能+轻量数改"新模式，实施全产业链协同化数字化改造，提升电气产业集群整体智造水平，探索形成了低压电气行业链主带链群协同开展数字化改造的"乐清样本"。

一、背景

乐清市是"温州模式""四千"精神的主要发祥地，民营经济发达、市场主体活跃。截至 2023 年，全市拥有市场主体超 20 万家、规上工业企业超 2000 家、产值超亿元企业 388 家，工业总产值近 3000 亿元。乐清电气产业集群是国家先进制造业集群之一，也是唯一以县域为主导的入选产业，更是国内低压电气全产业链发展最完善的生产制造基地，电气产业集群产值已超 1500 亿元，产业体系相当完善，低压电气占全国市场份额 65% 以上，电气产业本地配套化率达到 85% 以上。"链主制造+零部件社会化协同生产配套"是乐清低压电气行业制造的特色。

乐清电气产业发展历史悠久，集群特征明显。一方面有如 ZT、DLX、TZ 等国内外知名的数实融合程度较高的龙头企业，另一方面有上万家量大面广的产业链配套中小企业。这些配套中小企业大多数存在数字化改造底子薄、产业链信息系统协同不足等问题，很大程度上制约了产业链协同效率和升级步伐，亟待构建基于行业特性、服务集群企业的数字化改造新模式。近年来,在浙江省智能制造专家委员会的指导和帮助下,乐清市找准产业链数字化改造关键点,大力实施"链式协同数改",支持链主企业带动上下游开展全链条、配套行业数字化转型,让"头雁"带"群雁",通过"协同数改"推动集群产业链迭代升级。

二、做法

乐清市的总体思路是聚焦产业集群整体战略和共性需求,兼顾企业个性化需求,强化解决方案和服务供给,支持龙头企业(ZT 集团)和第三方数字化服务商(ZDY 公司)搭建数字化转型综合赋能平台(智能电气产业大脑),通过打造模块化、批量式、低成本的推广样板,为中小企业提供标准化、规范化、菜单式的数字化转型服务,促进产业链协同。在企业层面上,开发包含主数据管理、供应链协同、条码管理、仓库管理及运营看板等功能模块的轻量级数改平台(见图 7-4),帮助中小企业快速完成数字化改造。在产业层面上,通过供应链协同等功能打造智能电气产业链为核心的行业高效沟通、上下游高度协同的生态圈平台,实现产业集群互联、互动、互利共赢。

(一) 政府引导,着力推动"链式协同"顶层设计、政策激励、协调推进等多层次的机制建设

一是做好顶层规划设计。乐清市依托浙江省智能制造专家委员会的专家力量,成立链式数字化改造工作推进组,坚持需求导向和场景牵引,在前期充分调研、诊断和论证的基础上,研究确定了产业链协同数改 6 个共性场景、10 项改造工艺,以及关于流程服务模式、资金管理细则和项目验收操作流程等的一系列操作方案,构建形成了一套

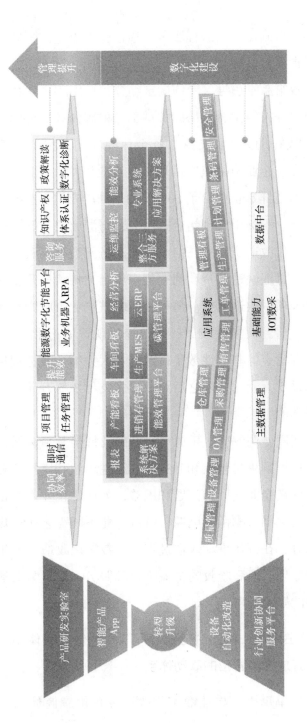

图 7-4 轻量级数改平台服务框架

包含政策激励、合同范本、流程服务、项目验收等全流程闭环的制度体系，并经小批量验证后大批量推广。

二是做好政策激励引导。专门制定细分行业中小企业数字化改造专项政策，全力支持链主企业协同关键部件供应商开展协同数字化改造，打通"财政补助+金融支撑"资金保障渠道。按照"政府补一点、平台让一点、企业出一点"的原则，对应用共性场景"N"的软件投资部分，示范样本企业给予50%补助，推广应用企业给予30%补助。在此基础上，积极引入创新金融服务，与浙商银行签订战略合作协议，打造数字化改造贷产品，给予企业3亿元数智融资业务专项授信额度。同时，打通快速放贷和利率优惠渠道，持续提升企业数字化改造意愿，保障项目改造质效。例如智能电气产业大脑为产业链企业提供的协同数改轻量化共性场景，可快速实现订单记录、出库入库、库存调拨、库存盘点等基础性数字化改造，大大缩短改造周期，整套系统费用不超过5万元，补贴之后企业最多支付3.5万元，大大提升了链群企业改造的主动性。

三是做好问题协调解决。乐清市经信部门每半月牵头召开一次工作例会，及时协调解决总包商和服务商、链主企业和链群企业、数字服务平台和产业链企业之间的问题和困难，如链主企业供应链系统和第三方服务平台之间数据衔接问题、链群企业不同工艺应用场景特殊性问题等。同时，在具体推动改造过程中，数字化改造专家组实行事前诊断、事中监理、事后验收的全流程跟踪服务，及时帮助解决企业数字化改造中的疑难问题。

（二）链主牵动，构建"链式协同"绿色供应商体系，以及技术共享、数据开放等多方位的联动体系

一是通过订单牵引，构建数字化改造绿色供应商体系。鼓励和

引导链主企业将供应商协同数改程度纳入绿色供应商考评体系，每年开展供应商数字化制造优秀奖评选，对已开展数字化改造并在响应速度、交付质量提升明显的供应商加深战略合作，提高供应配额，从而激励和牵引供应商及时开展协同数字化改造，提升整个产业集群的数字化水平。

二是通过技术共享，联动开发轻量级协同应用场景。例如链主企业 ZT 基于自身已成熟的工业互联网平台，联合智能电气产业大脑，将需求、交付、计划、库存、成本、设备、安全等关键数字化模块进行裁剪，开发适用于供应商的轻量级应用系统，保障了链主企业与链群企业系统互联互通，减少重复开发成本。

三是通过开放系统接口，打通数据壁垒。链主企业通过开放数据系统接口，打通智能电气产业大脑应用系统，实现与供应商订单、仓库等数据实时共享，有效保障供应稳定性、提高采购效率。

（三） 链群协同，打造"链式协同"中小企业业务工艺样本和专项培训

乐清市坚持以企业为主体，十分注意调动企业的积极性与创造性，把帮助企业解决问题作为激发企业数字化改造内生动力的关键来抓。一方面，开展业务专项培训。链群企业大部分为中小微企业，精益生产、信息化水平均参差不齐，因此，乐清市针对链群企业开展了多场业务培训和一对一的现场指导服务，引导链群企业通过主动改善内部管理模式，开展精益化生产，强化内部人员培训，从而快速适应链式协同业务系统。另一方面，打造分工艺样本标杆。乐清市针对智能断路器行业涉及注塑、冲压、线圈、电子组件等 10 项关键零部件配套工艺，在每道工艺中打造 1~2 家样本企业，在共性场景基础上引导上线一批个性化场景，供相同工艺的企业"有样学样"。例如 TG

是 ZT 电器的紧固件、冲压件产品供应商，2023 年完成产业链 6 个共性场景的部署，通过智电码的应用，打通了与 ZT 的仓储物料条码信息，在仓库管理中引入条码管理，通过对物料进行科学编码，实现了对物料的追根溯源，避免企业出现物料混乱、排查难度大的情况，降低了管理成本。通过智电云仓的应用，既解决了企业内部传统仓储管理模式所带来的物资库存量巨大、物资跟踪困难、人力成本偏高和手段落后等问题，又通过云仓系统与链主采购平台的集成，实现了企业与客户方订单及库存的协同，提升了整体交付时效与库存管理效率，企业自身运营成本下降 22%，生产效率提升 28%，不良率降低 33%，产能利用率提升 8%。

（四）平台支撑，推动"链式协同"统一数据标准、共性场景开发等高效率的系统服务

智能电气产业大脑作为此次数字化改造的总包商，在电气行业数字化生产领域具有较深的行业知识积累、较好的系统实施能力和较为完善的行业服务生态。产业大脑通过制定标准化、规范化改造流程，打造模块化、批量式、低成本的"推广样板"，构建基于产业链及配套多样化应用场景需求的"标准化+个性化"改造模式，着眼推进传统产业数实深度融合、破解中小企业数字化改造难题。

一是统一规范产业链产品主数据标准。在乐清市委市政府的引导下，智能电气产业大脑会同 ZT、DLX、TZ、温州大学、低压电气标准化技术委员会等一批行业龙头企业和专家团队，共同打造电气行业产品主数据标准库，形成 8 个产品系列（低压电器、汽车电器、建筑电器、成套电器、防爆电器、仪表电器、通信设备、电源设备）、95 个产品类目、830 个关键零部件的数据特征号，为智能电气产业数据集成提供了"由点向面到链"的基础保障。同时，在标准基础上打造产

品主数据标准管理平台，企业可通过平台浏览、检索与引用相关产品主数据，并运用于自身数字化系统建设。通过产品标准化建设，数据智能分析与调整，参与业务的产品主数据由原来30万条降至5万条。截至2024年6月，ZT、TZ等企业整合上下游供应链，应用产品主数据试点企业已有200余家。

二是开发具有行业特色的云服务平台。针对乐清低压电气产业链上下游协同数改的共性需求，智能电气产业大脑重点围绕协同智造所需的订单管理、仓库管理、条码管理、计划排程、工单管理、运营看板6个共性场景，开发了具有行业特色的云服务平台。相较于本地化部署，云部署具有成本低、易部署、迭代升级方便、易运维等优势，因此，基于云部署的优势，智能电气产业大脑2个月内实现101家供应商企业的快速上线。

三是以"平台+'小快轻准'"的产品（功能）推进链式数字化改造、链式协同生产。智电云仓系统集成了订单管理、仓库管理、工单管理、计划排程等功能，实现供应商与链主企业供方在线系统的打通，链主企业采购订单自动同步至供应商待办订单，供应商针对待办订单数据结合库存情况进行排产与发货处理，有效解决了双方因下单时间与次数频繁导致反复沟通与重复处理的问题。此外，包含出库登记、入库登记、库存调拨、库存盘点、实时库存查询、退货处理等功能的仓库管理模块可帮助供应商更清晰、高效、规范地管理原材料及成品库，实现了链主企业与供应商库存信息共享，可有效保障供应稳定性，提高库存准确率30%以上及库存周转率12%以上。智电码系统集成了条码生成、条码打印、条码关联等功能。系统上线前，供应商需通过Excel手工维护物料及条码信息，打印后通过PDA扫码关联送货单，上线后，智电码系统通过与链主企业供方在线系统发货单号、条码信息的自动同步，可减少1个人的扫码工作量，年节省人力成本

5万~6万元，同时可解决产品条码打印不规范的问题。此外，智电码还具有溯源与防伪的功能，可有效提高产品质量和安全性。

三、成效

（一）提高了集群企业生产效率

基于智能电气产业大脑打造的轻量级数字化改造平台，可实现企业与下游链主企业采购协同，通过订单信息协同实现生产订单计划的跟踪。从已经验收的101家企业来看，库存准确率提升30%以上，供应链协同效率提升25%以上。值得一提的是，通过供应链协同数改，提高了供应链柔性，使得链主企业能更快速响应市场需求。近年来，低压电气面临房地产市场萎缩、海外市场下滑等问题，而乐清电气产业集群保持稳健增长。2023年，乐清市电气产业实现规上工业产值1168.13亿元，占全市规上工业企业总产值的52.6%，同比增长6.2%；电气产业规上工业增加值224.05亿元，增长12.3%。

（二）降低了集群企业运营成本

链主企业上游供应链仓库信息的打通，使生产周期降低10%左右、库存整体成本降低12%以上。通过智电码的实施，业务链工作量减少达0.5人天（测算平均减少5万元左右的人力成本）。在数字化实施上，通过产业大脑集成方式，为产业大脑用户生态圈提供行业标杆，实现"从0到1"的建设，建设成本可降低60%以上。

（三）破解了集群企业数改难题

乐清市电气行业及配套企业数量超过2万家，中小企业占绝大多数。这些企业的数字化改造程度，直接影响整个集群的发展进度。乐清市创新点、线、面产业链协同数改新模式，通过制定标准化、规范化改造流程，打造模块化、批量式、低成本的推广样板，构建基于产业链共性应用场景需求的改造模式，有效解决了试点企业不会改、不敢改、不愿改的问题。全市 2023 年新增中小企业数字化改造项目 107 个，"大脑赋能+轻量数改"中小企业数字化改造新模式入选浙江省 2023 年数字经济创新提质"一号发展工程"优秀案例。

（四）探索了产业集群升级的新范式

链主企业率先进行数字化转型，并依托自身影响力带动链群企业开展数字化转型，有助于提升产业链供应链韧性和安全水平。链主企业表示，经过数字化转型的供应链企业在响应速度、交付质量方面提升明显。这种从点到线进而带动整个产业链数字化融通的做法，有利于提升产业的市场竞争力，加快产业集群现代化提升，为产业集群数字化改造提供了可借鉴、可复制、可推广的新路径。

后 记

《中小企业数字化转型系统解决方案》是浙江省智能制造专家委员会专家团队会同各政府部门、相关数改企业及工程服务商等集体探索实践的智慧结晶。国家制造强国建设战略咨询委员会、中国工程院战略咨询中心制造业研究室、浙江省经济与信息化厅等对本书的编撰给予了指导。本书由毛光烈主任、杨华勇院士领衔编著，由凌云任执行主任，王世正、王柏村任执行副主任，俞林根、林赛君、胡聪荧、陈菲、洪铿、汤方晴、丁玲等执笔撰写了各章节，杨小虎、邓立新、许文杰、胡旭东、彭政友、史伟民、董观灵、何徐敏、蔡先超、赵志敏、邵黎勋、包卿、彭书浙、王耿、王璟琳、陈炜、杨羊、才振功、周万里、柴长勇、祝立、朱昭丞、汪其顺、胡学明等参与本书的编写论证工作，北京世辉律师事务所合伙人邵婧律师为本书提供法律指导，新昌县、永康市、兰溪市、东阳市、江山市、乐清市等地政府部门为本书提供了部分实践案例。我们谨向所有关心支持此项工作的相关政府部门、专家、学者给予的帮助指导致以诚挚的谢意！

中小企业数字化转型只有起点没有终点。本书提出的"系统解决方案"虽然是现阶段比较系统完整成型的模式，但由于工业细分行业结构复杂，产品种类繁多，各类企业的生产及管理机理差异性很大，"系统解决方案"难免在某些方面尚存在一些局限，随着中小企业数字化阶段性的推进，企业的数字化诉求在不断地扩展延伸，"系统解决方案"的五大新模式也会扩充与更新。随着我国新型工业化的深入推进，新质生产力的壮大发展，人工智能赋能新型工业化的迭代演进，"系统解决方案"也必定与时俱进，丰富新的内容，提炼新的方法，创建新的模式，为我国中小企业数字化转型发挥更大的作用。